大象学术译丛

大象学术译丛

主　编

陈　恒

JOSEPHUS

约瑟夫斯评传

THE MAN AND THE HISTORIAN

[英] H. St. 约翰·萨克雷 / 著
(H. St. John Thackeray)

陆 路 / 译

中原出版传媒集团
中原传媒股份公司

大象出版社
·郑州·

图书在版编目(CIP)数据

约瑟夫斯评传 / (英) H. St. 约翰 · 萨克雷
(H. St. John Thackeray) 著; 陆路译.— 郑州 : 大象
出版社, 2019. 3
(大象学术译丛)
ISBN 978-7-5347-9516-9

Ⅰ. ①约… Ⅱ. ①H… ②陆… Ⅲ. ①约瑟夫斯 (公元
37-公元 100) —评传 Ⅳ. ①K831. 985. 581

中国版本图书馆 CIP 数据核字(2017)第 275037 号

约瑟夫斯评传

YUESEFUSI PINGZHUAN

[英]H. St. 约翰 · 萨克雷(H. St. John Thackeray) 著

陆 路 译

出版人 王刘纯
责任编辑 徐淯琪
责任校对 李婧慧
书籍设计 王晶晶

出版发行 大象出版社(郑州市郑东新区祥盛街 27 号 邮政编码 450016)
发行科 0371-63863551 总编室 0371-65597936
网 址 www.daxiang.cn
印 刷 新乡市豫北印务有限公司
经 销 各地新华书店经销
开 本 787mm×1092mm 1/16
印 张 10.75
字 数 153 千字
版 次 2019 年 3 月第 1 版 2019 年 3 月第 1 次印刷
定 价 48.00 元
若发现印、装质量问题,影响阅读,请与承印厂联系调换。
印厂地址 新乡县翟坡镇兴宁村
邮政编码 453000 电话 0373-5635065

献给学者、学术赞助人及慷慨的朋友乔治·亚历山大·科胡特(George Alexander Kohut)

不胜感激能有在美国及犹太宗教研究所进行入门介绍的回忆

大象学术译丛弁言

20 世纪 80 年代以后，西方学术界对学术史、科学史、考古史、宗教史、性别史、哲学史、艺术史、人类学、语言学、民俗学等学科的研究特别繁荣；研究的方法、手段、内容也发生了极大的变化，这一切对我们相关学科都有着重大的借鉴意义。但囿于种种原因，国内人文社会科学各科的发展并不平衡，也缺少全面且系统的学术出版，不同学科的读者出于深化各自专业研究的需要，对各类人文社会科学知识的渴求也越来越迫切，需求量也越来越大。近年来，我们与国外学术界的交往日渐增强，能够翻译各类专业书籍的译者队伍也日益扩大。为此，我们组织翻译出版一套"大象学术译丛"，进一步繁荣我们的学术事业：一来可以为人文社会科学研究者提供具体的研究途径；二来为各门人文社会科学的未来发展打下坚实的基础；三来也满足不同学科读者的实际阅读需要。

"大象学术译丛"以整理西学经典著作为主，但并不忽略西方学术界的最新研究成果，目的是为中国学术界奉献一套国内一流人文社会科学译丛。我们既定的编辑出版方针是"定评的著作，合适的译者"，以期得到时间的检验。在此，我们恳请各位专家学者，为中国学术研究长远发展和学术进步计，能抽出宝贵的时间鼎力襄助；同时，我们也希望本译丛的刊行，能为推动我国学术研究和学术薪火的绵延传承略尽微薄之力。

编者

序　言

介绍关于约瑟夫斯讲座的作者，对本序言作者和其他人来说一样，是一件需要额外付出大量努力的事情。萨克雷先生贡献给《洛布古典丛书》(*The Loeb Classical Library*)的相关书籍包括《自传》和那本通常被称为《驳阿皮翁》的书，以及较新的《犹太战争》一至三卷。熟知这些著作的人，不仅知道他是一位技巧娴熟的译者，还认识到他为重建古希腊文本做出了重要贡献。萨克雷先生使用的相关著作文本是本尼狄克·尼斯(Benedict Niese)那极为关键的版本，它为每个人所必用，但萨克雷先生对其有独到的见解。一位有判断力的编者，特别是身为如约瑟夫斯一样有鸿篇巨制之作者的编者，在制作原稿谱系时，自然倾向于将自己的精力和时间投入有实据为最好原稿的读本上。有时候，这一步骤被描述为唯一严格的科学方法，这并非把非做不可的事装成出于好心而为之，而是因为它去除了文本批判中的主观性。但是无论早前编者曾犯过什么样的错误(他们以不恰当的工具为基础，通过猜测重建文本)，系统排除人类智力因素难以被称为理想的科学。译者至少要在单个案例中同时考虑关于读本的证据，以及读本的内在证据，并由此在一定情况下校正编者的评价。萨克雷先生便是如此对待已经出版的大量著作及相关后续著作的。他还拥有一件自己前辈无一拥有之工具，即他为方便自己使用而制作的约瑟夫斯著作词汇索引——已经于最近由科胡特基金(KOHUT FOUNDATION)出版，对此，所有学者都很喜闻乐见。

约瑟夫斯的各种希腊语著作间存在显著不同，特别是他最早的著作《犹太战争》和他在自己人生末尾时所著的《自传》之间更是如此，甚至在他一部著作之内——如《犹太古事记》——也是如此；学者们早已关注于此，并给出了各自不同的解释。通过对言辞和风格更加细致入微的调查,萨克雷先生得出一项结论,即这些差异主要归因于约瑟夫斯的写作助手有没有出现在他的著作中。通过细致研究《犹太古事记》的卷 15 至卷 16 及卷 17 至卷 19,萨克雷先生从中识别出两个此类助手,并加以区分。他在自己的第五场讲座中,非常有趣地解释了他的方法和相关发现。

约瑟夫斯著作的一些构成部分,即那些并不是他自己的知识的材料,是一个广泛且在不断增长的文献课题。我们不得不在《犹太战争》和《犹太古事记》中面对此问题——在这两部著作中,约瑟夫斯两次横贯同一领域。主要评判标准到目前为止依然以历史的为主——但相关数据经常模糊不清,评论家的意见也经常存在分歧,甚至相互矛盾。在第二场和第三场讲座中,萨克雷先生以谨慎克制应对这些问题。他找到了许多对这些多样性的解释,其中之一的事实是约瑟夫斯在《犹太古事记》中重复着自己,但又希望避免出现对自己的抄袭,于是便指挥自己的助手改变表述。对于有着更加实质性差异的情况,可能的解释是出现这些差异,是因为作者所处环境改变或者为争辩所急需。这些考虑提供了一个完整的解释,但萨克雷先生当然不会如此主张。获得其他材料,并在之后的著作中使用这些材料是一种假设,在一些情况中这一假设极有可能得到支持——尽管如此,通过约瑟夫斯依据当时写作传统雇用的工人或编辑助手,可提炼出来一种"约瑟丰"(Josephan)形式。

这些长久以来一直困扰着评论者的问题,在最近几年越发复杂,这是因为所谓的斯拉夫版《犹太战争》译本的发现,内容显示这一版本的著作为校订版,在某些时间与我们的希腊版文本存在极大不同。对于这个"斯拉夫-约瑟夫斯",人们提出了各种巧妙的假设。例如就有人将之最终归为阿拉米语释义版《犹太战争》——约瑟夫斯说这是他送给"内陆野蛮人"(the up-country barbarins,很可能是约瑟夫斯所指的其他位于幼发拉底河地区的犹太人)的。因为俄语版约瑟夫斯著作确定是译自希腊语,所以之后便有人进一步假设约瑟夫斯稍后又粗略翻译了前述的阿拉米语版著作,它很可能以Περί Αλώσεζ——"耶路撒冷的毁灭"(Destruction of Jerusalem)为题——由此,它成为了基础文献,即可被我们称为第一个的希腊语版《犹太战争》。对于这些相关假设,萨克雷先生继续保持小心谨慎又期待的态度。在有关此版著作的全批判本完成前,以及直到整个译本真实可信且可全部被接受(是为了那些并不精通古俄语的学者)前,这一问题在事实上还不足以被付诸讨论——据说这样的著作现在已经准备完成,正在出版。

有趣的第五场讲座专注于"约瑟夫斯与犹太教",特别讨论了《圣经》文献。如作者认识到的,简明处理方法极不适用于这类书籍,因为会引起一些极具争议的问题。其他例如对阿拉米语版《塔古姆》和《撒母耳记》中的"琉善风格"(Lucianic)或"前琉善风格"(pre-Lucianic)的希腊文本,以及包括《马加比一书》在内的后世著作的使用也不适用。

最后的讲座用大量篇幅讨论了《犹太古事记》卷 18 中的文章;对关于"施洗者"约翰、"主之兄弟"雅各(James)及耶稣的文章,萨克雷先生进行了严格的剖析;对重要的关于耶稣之真实性的争论,或最起码是对"约瑟丰"之核心的争论,萨克雷先生则添加了对文章之措辞和风格的精细观察。对当前讨论的内容(其中,"斯拉夫-约瑟夫斯"引入了新的且惊人的元素),萨克雷先生进行了慎重且无承诺的概论——很明显,这是在当前的知识水平之下,学者们面对影响深远的假设所应有的恰当态度。

萨克雷先生对约瑟夫斯的个性有如下评价:对作为一个人物的约瑟夫斯,萨克雷先生没有奉承,而是公正地认为约瑟夫斯的困境并非全由自身错误造成,至少部分要归因于约瑟夫斯所处之无法控制的环境;对约瑟夫斯历史学家的身份,萨克雷先生的评价要高于大部分学者。就约瑟夫斯的这两个方面而言,我们应该从当时的真实情况和文学风气,而不是用其他时代的思想进行评价。

作为整体的这一系列讲座,为其所应对之课题做出了显著贡献。为祝贺犹太宗教研究所(Jewish Institute of Religion)成立,希尔达·施特里希·斯特鲁克基金举办了这一系列讲座。非常幸运,业内许多学者均非常乐意看到这一价值极高的著作出版。

乔治·富特·莫尔

1928 年 4 月 28 日写于马萨诸塞州剑桥郡

目　录

导　言

系列讲座在英、美大学已历史悠久，尽管它固有一些令人失望的问题，甚至可导致失败的困难，但最近几十年来却举办得越来越频繁。系列讲座固有的困难之一便是学者们必须面对时间这一因素，一般讲座必须在一个小时左右成型，由是塑造一次特殊讲座的是时间这一外在的因素而非材料自身；存在的问题之一则是大学系列讲座的听众各种各样、构成复杂，因此相应地，在确定必须讲授什么水平的知识时，也是任务繁重。

然而这些潜在的困难也能转化出优点，如本书所载讲座。萨克雷先生达成了取自己主题之精华，并将之置于清晰轮廓中的要求。他还通过迫使自己的讲座接近学生、成年学者都能从中清晰获益的水平，来满足听众们的本质需求。他完美地应对了系列讲座内在的挑战，将自己对一个庞大且复杂领域的观点令人印象深刻地综合展现出来。

讲座付之梨枣时，内容通常会不同于口述时：重写，并不仅是因为随着面对听众，演讲者获得了新的经验——此时演讲者识别出哪些句子或段落需要，也能够重写或换位。尽管不是一般惯例，但演讲者提供的讲座印刷版，通常都含有必定为讲演版所漏掉的注释、参考文献等学术技术内容。萨克雷先生的讲座尽管有一些学术注解，但依然保持着口语形式，显然没有被大幅修改过。现在对萨克雷先生讲座注释、参考文献等学术技术部分稀少的解释，是他在进行讲座时，也正在为《洛布古典丛书》准备约瑟夫斯著作的新译稿；由于这一繁重事务（他必须提供所有资料），他没有选择提供自己系列讲座的印刷版也是完全可以理解的。另外，人们会觉得这些讲座表现的是一份临时性的中期报告，觉得这是一位优秀学者在将自己进行项目时需要考虑的一些意见因素，开诚布公地告诉他的读者、听众。

在各个学术领域,对相关文献的解释,都会时不时迸发出汹涌且非常关键的争论。例如关于亚历山大里亚的斐洛(Philo of Alexandria,前 20—40)就是如此,关于他的著作存在对立争论——均是关于斐洛的重要性、对其文章可想到的解释,以及斐洛如何完全适应公元 1 世纪之犹太教环境等这些问题。但另一方面,关于约瑟夫斯,既没有如此巨大的变动,也没有太多新奇解释。从上述观点看来,关于约瑟夫斯的学术研究,可以说是平淡无奇的。该领域中的不同意见,主要出现在各处的细节之上。较之传统的古希腊约瑟夫斯文献,主要的尖锐意见交锋,更多是关于斯拉夫-约瑟夫斯文献,即争论其哪个版本的著作相对更新,哪个相对不确定,而非关于约瑟夫斯的传统古希腊文献。就这些,萨克雷先生在其讲座中均有讨论。

当时,关于约瑟夫斯的议题曾相对次要,且一般更多牵扯到外在而非内在问题。例如,过去学者们关于约瑟夫斯到底是个忠诚的犹太人,还是犹太人和犹太教的叛徒的争论便是外在的。类似地,由马克斯·克伦克尔(Max Krenkel)——《路加福音》(*Luke*)与《使徒行传》的作者,在《约瑟夫斯与路加》(*Josephus und Lucas*,1894)中提出的议题,是否将约瑟夫斯作为自己了解早期基督教的主要信息来源——亦是外在的,与其说它是约瑟夫斯的内在议题,不如说它是《路加福音》和《使徒行传》的内在议题。这样看来,那些关于约瑟夫斯的研究,展现出的是大量关于其影响和重要性的可靠信息,而不是一座关于他的气氛紧张的学术竞技场。

萨克雷先生无疑深思熟虑过自己的任务:他并没有在自己的讲座中详细精确地叙述约瑟夫斯著作的重要性及其运用,因为他已经假定自己的听众们业已对此有所了解。例如在塞缪尔·克劳斯(Samuel Krauss)之《犹太百科全书》(*The Jewish Encyclopedia*)第 7 卷第 274—281 页,特别是第 279 页的文章中,便可以找到关于约瑟夫斯重要性的清晰叙述。这样看来,似乎在再版萨克雷先生精彩演讲前,加上在一定程度上比克劳斯更详细的叙述便是有用的。

基督教学者、犹太学者及世俗历史学家,对于这些令人信服的能够专注自己兴趣于公元 1 世纪的人来说,下面可以叙述该世纪的历史重要性了。在公元 1 世纪之始，朱迪亚（Judea）尽管是罗马的财产，却由一位国王统治；但在世纪之末，王权永远消失了。在该世纪之初，耶路撒冷圣殿被希律（Herod）整修一新，由祭司们经营；但到世纪之末，圣殿被毁且祭司家族也不再重要。在公元 1 世纪之初，犹太教出现了可被称为"第一拉比主义"（Proto-rabbinism）的潮流，虽然在当时此潮流更多还是处于起始阶段，相当不成熟，但顶着拉比头衔，其注定会崛起；而在世纪末，拉比这一头衔不仅频繁出现，而且也已成为主导角色，而拉比犹太教（Rabbinic Judaism）亦处在全面发展的道路上。在公元 1 世纪初，基督教还未诞生；但在公元 1 世纪末，基督教运动不仅已经出现，而且已开始与其"父母"犹太教分离。在该世纪内，一些犹太人物和保罗（Paul）等人也出现在历史记录中，大量的基督教文献亦开始存在。约瑟夫斯对公元 1 世纪犹太教和基督教学术研究的重要意义，在于他的描述是关于此段历史的唯一直接且相继的原材料。显然，现在可列出的《新约》文献和其他著作冲击着这段历史，而唯有依靠约瑟夫斯，我们方可全面且连续地叙述当时朱迪亚的历史。约瑟夫斯的著作，如同其他一些我们知道的著作一样，曾经消失；之后我们几乎失去了所有相应的历史资料，而没有这些事件和资料，其他的相关信息也就无法得到有效排序。

对于连续的历史著作，在强调历史词汇和短语的同时，我倾向于将约瑟夫斯的著作与其他需要列出的大量文献区别开来。据此，让我们回身关注《圣经》学者经常注意的一个现象，即希伯来《圣经》（Hebrew Scriptures）的《撒母耳记》（*Samuel*）和《列王纪》（*Kings*）中虽包含大量前流散时代（pre-exilic period）的犹太历史，但却并没有可与此相比的后流散时代（post-exilic period）犹太历史。总的来说，结果便是我们拥有的关于公元前 586 年前的历史信息，要多过拥有的大约起自公元前 516 年的历史信息。《圣经》中一些较后来的、非历史形式的著作，虽确实照亮了随后的时代，但同样也带给了我们相当大的不确定性和大量谜团。不过在《圣经》外，还存在一些按照惯例被称为"次经"（Apocrypha）和"伪经"（Pseudepigrapha）的后世著作。这些文献虽不是全部，但也是大部分看起来诞生于希伯来《圣经》最晚著作《但以理书》（*Daniel*）成书的时期，即公元前 150 年到公元 1 世纪末间。就"次经"而言，有人认为其各种各样的著作属于犹太人的“希腊语《圣经》”而非“希伯来《圣经》”——“次经”一词起自16世纪的新教教义。新教徒不认为这些“次经”著作为经典，但罗马天主教则将之视为经典；现代的天主教学者也使用“次经”这个词，但并不认同新教徒对“圣经”的定义。“伪经”大致属于同一时期，但其既不同于希伯来《圣经》，也不同于希腊语《圣经》。“伪经”仅在18世纪时被收集整理。“次经”名下目录有如下特色文献：《以斯拉三书》（*III Esdras*）、《以斯拉四书》（*IV Esdras*）、《托比传》（*Tobit*）、《犹滴传》（*Judith*）、《所罗门智训》（*Wisdom of Solomon*）、《便西拉智训》（*Ecclesiasticus*）、《巴录书》（*Baruch*）、《耶利米书信》（*Letter of Jeremiah*）、《玛拿西祷词》（*the Prayer of Manasseh*）、《马加比一书》（*I Maccabees*）、《马加比二书》（*II Maccabees*）、《以斯贴补篇》（*additons of Esther*）和《但以理外传》（*addition to Daniel*）。“伪经”目录较难集合整理，相对来说它是在近代才被收集整理的且非传统型的。一般说来包括《以诺书》（*Enoch literture*）、《禧年书》（*Book of Jubilees*）、《所罗门诗篇》（*Psalms of Solomomn*）、《十二族长遗训》（*Testaments of the Twelve Patriarchs*）、《以赛亚殉道记》（*the Ascesion of Isaiah*）、《以斯拉启示录》（*Apocalypse of Ezra*）、《巴录启示录》（*Apocalypse of Baruch*）、《西卜神谕卷》（*the Sybilene Oracles*）、《马加比三书和四书》（*III and IV Maccabees*）、《先知生活》（*the Lives of Prophets*）。

这些著作中有些非常杰出，如《马加比一书》和《马加比二书》等——它们不仅提供了始于公元前168年的“马加比起义”年代的历史线索，而且反过来也成了约瑟夫斯使用的资料。这些著作中的非历史类，以其自身的方式，显现了犹太人宗教活动的虔敬，以及赋予犹太教特色的宗教活动类型。就约瑟夫斯给出的内容而言，其关注的除了宗教发展和犹太人内部的分裂，还有一些其他东西，但仅是一些；而“次经”和“伪经”提供的材料，要远多于约瑟夫斯给出之数量相对有限的材料。“次经”和“伪经”的许多内容，在约瑟夫斯的著作中完全没有提到；学习“次经”和“伪经”的学生，学习时获得之第一印象是其间材料对宗教的强调，与对事件的专注间差距明显，特别是那些关于王室及其与罗马之关系的事件，这也是约瑟夫斯经常关注的重点。

在“次经”和“伪经”中，一些著作很显然是用希腊语创作的，而非由阿拉米语或希伯来语译为希腊语。这一点可将我们引至第二类相关重要文献，即希腊-犹太文献——可以想象得到，约瑟夫斯位于此类文献的作者名单中。此类希腊-犹太文献的主要代表是被称为“七十士译本”（Septuagint）的“所谓”文献；现代学者发现越来越难单列出一种符合该词词义，且值得被称为“七十士译本”的文献；不过依据比较传统的用法，“七十士译本”指的是最早的，或者至少是较早的《摩西五经》（*Pantateuch*）的希腊语译本——大致于公元前250年左右译毕，《圣经》其余的内容也在之后得到翻译。由于残本、片段得到保存，所以我们知道《圣经》后来有三种古希腊语译本，即阿奎拉版（Aqulia）、迪奥多信版（Theodotion）和西玛库版（Symmachus）。

亚历山大·波里希斯托（Alexander Polyhistor，约前80—前40）的一部选集中，收集了一些希腊化犹太历史学家的著作，约瑟夫斯在《犹太古史》（*Antiquities*）第1册中便引用了他的这一选集，而公元4世纪的教会历史学家尤西比乌斯（Eusebius）在其著作《为福音准备》（*Preparation for the Gospel*）第9卷第17—39页中重现了该文集的大部分精华。我们在那些保存下来的古老片段中看到了狄米特里乌斯（Demetrius）、尤帕里乌斯（Eupolymus）、阿塔帕努斯（Artapanus，公元前2世纪之犹太籍希腊哲学家）、阿里斯狄亚（Aristeas）、西奥狄提图斯（Theoditus）和以西结（Ezekiel）等名字，但其中所有远非这些。有记录显示就这些条目是否真为亚历山大·波里希斯托收集存在极大争论，但学者中的主流观点认为重要的事情是这些摘录被收集了，而非它们是否为波里希斯托所收集。我们也必须注意到还存在着另外一些没有被保存下来的著作，如公元前2世纪的昔兰尼的贾森（Jason of Cyrene）写的关于犹太国王的历史（《马加比二书》便是其一个缩影）的著作，以及写于公元1世纪的提比里亚的犹斯图斯（Justus of Tiberius）的著作（他写的是公元66—70年反罗马的犹太战争史，已完全散佚）。约瑟夫斯在其自传中，发文反驳了贾斯特的著作。在希腊-犹太文献中最为显赫的名字是亚历山大里亚的斐洛，他在公元1世纪40年代，亲笔写了两部与亚历山大里亚犹太人经历相关的著作，即《驳弗拉库斯》（*Against Flaccus*）和《使者》（*Legation*），但他的其他著作基本都集中在宗教哲学领域。约瑟夫斯必定要注意到一些反对犹太教和犹太人的异教徒著作,这些著作强烈刺激着约瑟夫斯进行辩解,这是他书写辩解著作《驳阿皮翁》(*Against Apion*)的背景。事实上,辩解主题是评定约瑟夫斯著作经常要考虑的因素之一。正如解释翻译为希腊语的犹太原作,为何须以《阿里斯狄亚书简》[*The Letter of Aristeas*,亦名为《伪阿里斯狄亚书简》(*Pseudo-Aristeas*)]为名时所展现的情况一样。希腊-犹太文献便是这样。

第三类主要文献,属于"拉比"著作。在过去,这部分著作大体上都还未成书,仅以口述形式存在,即《口述托拉》(*Oral Torah*)——由于前述原因,犹太人保存下来了不少相互矛盾的名词术语。我们可将这部分文献著作的类型区分为三种。第一种类型是被称为《塔古姆》(*Targum*)的阿拉米语译本文献,通常被归功于某个安科劳斯(Onkelos)。《塔古姆》主要为逐字翻译,尽管在一定程度上避免了人神同形同性论(anthropomorphisms)和拟人说(anthropopanthisms),但基本上还是一部仅包含少量演绎说明的文献译著。此立点与稍后期的《塔古姆》片段形成鲜明对比,后者充满各种扩充性演绎。约拿单·本·乌西(Jonathan ben Uzziel)的《塔古姆》通常仅指阿拉米语译本的《先知书》,以区别于《摩西五经》。第二种类型,也是此类文献的主要内容,即《塔木德》(*Talmud*),其包含许多卷本。该书包括两个截然不同的部分,反映出两个阶段。第一部分为《米西拿》(*Mishnah*),大约在公元175—200年成书;第二部分为《革马拉》(*Gemara*),其存在两个校订本,其一来自巴勒斯坦,大约在公元450年成书,另一个来自巴比伦,在公元500年前后成书。《塔木德》基本上就是关于《圣经》律法部分的法律评论,被安排在《法庭书》(*Sanhedrin*)、《新年书》(*the New Year*)、《婚约书》(*Marriage Contracts*)等类基础题目之下。《塔木德》的风格,特别是《革马拉》,回归到了那些最起码早在公元前1世纪便兴起的贤人——当然他们的继承人属于公元1世纪。

"拉比"著作的第三种文献类型为《米德拉什》(*Midrash*),其与《塔木德》不同,形式多于内容。它的编排与《圣经》一致,而非《塔木德》的按论题编排。最早的《米德拉什文集》(*Midrashim*,*Midrash* 的复数形式),较之后来更加虔诚、更多劝诫的《米德拉什文集》,在语调方面更加严格地遵守规则。由于《塔木德》和《米德拉什》均源自圣贤的继承者,并均含有对最早圣贤,即公元前1

世纪和公元 1 世纪拉比的记述,所以它们和约瑟夫斯叙述的历史有着无数的交会点,不过存在拉比文献缺乏任何推动历史精确之动力的情况。相应地,其中也有大量起自亚历山大·詹尼亚斯(Alexander Jannaeus)之时代,经过整个希律王朝,直到圣殿毁灭的公元 70 年的内容。就此,人们可以说约瑟夫斯和拉比文献间存在着交会,然而对于有关律法或虔信文献的间接提及,与直接历史叙述间存在的重要区别要牢记在心。不过还有一个在一定程度上被颠覆的关系同样重要,即约瑟夫斯在《犹太古事记》中增加的许多内容与在希伯来《圣经》中发现之历史间的关系——这些内容反映出约瑟夫斯关于思索《圣经》之拉比主义趋势的知识,以及对它们的修饰性阐述。例如约瑟夫斯便用传说材料增补了《圣经》中关于亚伯拉罕(Abraham)的叙述,这些传说材料也出现在拉比著作中。

第四类文献便是早期基督教文献,特别是《马太福音》(*Gospel. Matthew*)。《马太福音》中指出耶稣出生于希律一生的最后一年,施洗者约翰被希律·安提帕斯(Herod Antipas)处死,罗马总督是本丢·彼拉多(Pontius Pilate),而在《路加福音》中则显示出,希律·安提帕斯出席了在耶路撒冷进行之对耶稣的审判。不过大体来讲,早期基督教文献没有描述朱迪亚地区历史的主线,对此地的历史仅有少量提及。这些简单提及,基本都在约瑟夫斯那里变得非常清晰;不过在许多点上,如《路加福音》描述的人口统计数据,在参考约瑟夫斯的资料时,总是出现前后不一等难题。

此外,我们还必须单独提到一种文献,即来自库姆兰会社(Qumran)的教派文件,我们通常称之为《死海古卷》(*Dead Sea Scrolls*)。虽然关于这些卷轴及其与犹太教、早期基督教间关系的争论在减少,但对于它们,学界依然存在明显的不同观点,且某些解读者立场相当极端。有学者认为卷轴就公元前 1 世纪和公元 1 世纪之宗教运动,以及犹太教发展趋势为人们提供了额外的阐述说明,补充了其他各部分文献公开之信息。就这样的观点,比较谨慎的说法是学界虽非普遍一致赞同,但至少也是大部分同意。

对于约瑟夫斯的著作,有一种观点认为它们阐明了前述各类文献;反过来,也有一种观点认为是约瑟夫斯自己因前述各类著作的一些方面而被阐明或纠正,或因之显出自相冲突。专注于此段历史且可能仅精通一类文献的学者,无论如何都会发现约瑟夫斯的著作为必不可缺的工具。那些选择精通一类以上文献——或如果可能选择精通所有文献——的学者,不仅会发现约瑟夫斯不可缺少,还会认识到约瑟夫斯的著作是可将前述各类文献呈现之无数差异结合在一起的融合要素。这里必须强调,我们越过了可能的误解,即误解前述各类文献给我们的历史无法和约瑟夫斯提供之历史一样连续。甚至在我们开始怀疑约瑟夫斯的可靠性时,在我们能够确定约瑟夫斯自相冲突且他的著作有不受控制的辩护趋势时,我们面对的情况也是若忽视或消除约瑟夫斯,那么我们将在实质上无法清楚了解自马加比战争到公元 1 世纪结束这段时期的历史。

由于约瑟夫斯的著作表现出一个历史工具那样惊人的影响力,所以萨克雷先生的讲座《约瑟夫斯评传》(*Josephus*,*The Man and The Historian*),可作为给那些不可避免要参考约瑟夫斯著作的学者提供的导言和一系列劝诫。萨克雷先生开始的翻译工作,最终出版 9 卷。前四卷包含约瑟夫斯的《自传》《驳阿皮翁》《犹太战争》和《犹太古史》的第 1—4 册,这些均在萨克雷先生于 1930 年去世前完成。对于第 5 卷,萨克雷先生完成了《犹太古史》的第 5 册和第 6 册的一部分。而第 5 卷中剩下的第 6 册余部和第 7—8 册,则由拉尔夫·马库斯(Ralph Marcus)和艾伦·梅茨格(Allen Wikgren)完成,马库斯继续余下的翻译工作直至第 8 卷,即第 9 册至第 16 册的全部内容。最后一卷,即第 9 卷,于 1965 年出版,为路易·H.菲尔德曼(Louis H.Feldman)完成,此公无疑为美国约瑟夫斯研究第一人。在提及前两类文献,即“次经、伪经和拉比文献”时,马库斯先生和菲尔德曼先生所做的注释,要比萨克雷先生的丰富许多。这是因为萨克雷先生并非仅是一位犹太教或基督教学者,还是一位研究领域相当深广的古典学者,较之注释,他的职责更多的在翻译。此外,一些学术工具和著作在萨克雷先生开始他的任务之后方可使用,他在忙于自己的著作时并没有相关东西可利用。对于乔治·富特·摩尔在序言中对萨克雷先生那雄厚且令人钦佩之学识的独特描绘,我们可热情赞同。

此时评价萨克雷先生提出的两个问题也许比较合适。问题之一是斯拉夫版约瑟夫斯著作的相关内容。在过去，所罗门·泽特林(Solomon Zeitlin)的著作《约瑟夫斯论耶稣》(*Josephus on Jesus*，费城，1931)看似说明了斯拉夫版相对较晚且不可靠的特色——参见路易·H.菲尔德曼《犹太古文献文物研究：斐洛-约瑟夫斯学术研究(1937—1962)》[*Studies in Judaica：Scholarship on Philo-Josephus(1937-1963)*，斯拉夫版]摘要的第四部分，第28—30页。

接下来的问题为约瑟夫斯的证据(*Testimonium*)自身，这为萨克雷先生最新的演讲“约瑟夫斯与基督教”提供了资料——就此，我明显感觉到在今天，萨克雷先生的观点仅能代表当前犹太教学者或基督教学者之意见极为微小的一部分。此外，如果有人检视研究早期基督教学者的手册，会因其中对约瑟夫斯的证据的轻视而印象深刻，手册没有考虑到约瑟夫斯的证据可能的真实性，或是没有注意。我认为之后风行的关于“斯拉夫-约瑟夫斯”的争议，促进了相关专题讲座的开始，而这在之后非常适时；不过在我看来，仅有讲座已经不再适时。但是最近一本书的出版，即S.G.F.布兰登的《耶稣与奋锐党》(*Jesus and Zealots*，曼彻斯特，1967)则甚至可能使这一讲座再次部分符合时宜。

当前约瑟夫斯研究的主要目录工具有拉尔夫·马库斯的《希腊化-罗马时代犹太人参考书目选编(1920—1945)》[*Selected Bibliograp(1920-1945) of the Jews in the Hellenistic Roman Period*]和路易·H.菲尔德曼的《犹太古文献文物研究：斐洛-约瑟夫斯学术研究(1937—1962)》等。前者位于《美国犹太学会研究进程》(*Proceeding of the American Academy for Jewish Reserch*，1946—1947)第16章的第97—181页，后者则最为重要。菲尔德曼为我们提供了附有注释的参考书目，而且他的评判也非常公正、负责。到目前为止，他的论文也依然是过去几十年所有关于约瑟夫斯的单篇论文中最重要的。此外，我们还可以在《洛布古典丛书》各卷的附录中发现一些特别的参考书目。这里我们还应该提到新的希腊语-德语版约瑟夫斯著作的前两卷，奥托·米歇尔(Otto Michel)和奥托·鲍尔芬(Otto Bauernfeind)为之增加了注释。

拉尔夫·马库斯教授参与编纂的《约瑟夫斯词典》(*Lexikon to Josephus*)到目前为止仅出版四部分，分别是出版于1930年的第一部分、出版于1934年的第二部分、出版于1948年的第三部分和出版于1956年的第四部分。本·锡安·瓦寇德尔(Ben zion Wacholder)的《大马士革的尼古劳斯》(*Nicolaus of Damascus*,伯克利,1962)同样是重要的工具。通过与学者埃米尔·舒尔(Emil Schürer)联系,我了解到许多学者正在联合进行一项更新计划,即《耶稣基督时代的犹太人历史》(*A history of Jewish People in the Time of Jesus Christ*),但我不知道这项工程何时结束。此外还有一项国际计划,即《犹太教和〈新约〉评论汇编》(*Compendium Rerum Iudaicarum ad Novum Testamentum*),也有些类似的功能。G.A.威廉姆森(G.A.Williamson)的《约瑟夫斯的世界》(*The World of Josephus*,波士顿、多伦多,1964),对相当多的一般读者有不小的吸引力;比较严肃的学生会对他既能创作出如此值得称赞的《犹太战争》(*The Jewish War*,巴尔的摩,1959),又有一本关于约瑟夫斯的如此小众的书籍而惊奇。

萨克雷先生的个人信息曾经令人非常难以琢磨。他出生于1869年,父亲是一位英国国教牧师,著名作家威廉·梅克皮斯·萨克雷(William Makepeace Thacray)是他的堂兄。他于1881—1887年在伊顿公学学习,曾获得过数学奖。之后他在剑桥大学学习古典学和神学。1894—1907年间,他在剑桥大学塞尔文学院授课。他的重要著作除《洛布古典丛书》的译著外,还有《圣保罗与古犹太教派》(*St.Paul and the Ancient Jewish Church*,1892)、《古希腊语旧约语法》(*Grammar of the Old Testament in Greek*,1909);此外他还在1917年编著了新的《阿里斯狄亚书简》,对刊登在《犹太评论季刊》(*Jewish Quarterly Review*)1903年第15期第337—391页的早期译本进行了校正;而他在1920年度施瓦格系列讲座(Schweich Lectures,1921)中的《七十士译本与犹太教崇拜》(*The Septuagint and Jewish Worship*),以及在亚瑟·戴维斯纪念讲座(Arthur Davis Memorial Lecture,1927)中的《希腊旧约的一些方面》(*Some Aspects of the Greek Old Testament*)也都很重要。萨克雷先生还参与编著了《剑桥七十士译本》(*Cambriage Septuagint*,三卷本,1906—1940),是其中第二卷的编者之一。

萨克雷先生于1928年在斯特鲁克讲座做了名为《约瑟夫斯评传》的系列讲座;次年,即1929年,该系列讲座成书出版。希尔达·施特里希·斯特鲁克讲座还有其他三个子系列讲座成书出版发行,分别是雨果·格拉斯曼(Hugo

Gressmann)的《巴别塔》(*The Tower of Babel*, 1927),查尔斯·卡特勒·托里(Charles Cutler Torry)的《伊斯兰教的犹太基础》(*The Jewish Foundtion of Islam*, 1933),以及格肖姆·格哈德·肖勒姆(Gershom Gerhard Scholem)的《犹太神秘主义的主要趋势》(*Major Trends in Jewish Mysticism*, 1938)。

萨克雷先生于 1930 年 6 月 30 日去世,为此 1930 年 7 月 4 日的《伦敦泰晤士报》在第 16 页刊登了一篇简短的讣告。

塞缪尔·桑德尔

001

第一讲　约瑟夫斯的人生和性格

——对其著作价值的评估

能够获得怀斯主席(President Wise)和犹太宗教研究所的邀请,作为著名的约瑟夫·斯特鲁克基金(Foundation of Mr.Joseph Stroock)的演讲者,来到这个伟大的国度为各位讲演,我深感荣幸。我想自己在人生近末时,每当回忆起自己曾经是希尔达·斯蒂克·斯特鲁克系列讲座的演讲者之一,必定会内心充满骄傲。我深深地感到对于美国人民,特别是那些将这个新生国家的公民权和犹太人这个古老民族的特殊荣耀融合起来的美国人民,全世界学术界亏欠甚多,对此我甚至无法恰当表达。在英国,我们认为美国人民为知识的进步做出了原创且巨大的贡献;而且在困难时期,美国那些慷慨的学术赞助者们,也给了我们毫不逊色于其他任何人的帮助。下面,我将就自己是如何站在这里,以及如何用自己的点滴知识履行回报上述帮助的义务,来做一个简短的个人阐述。大约五年前,我在伦敦犹太学院做一次讲座,其间我提到自己正在编辑一本《约瑟夫斯手稿辞典》(*MS Lexicon*);我编辑这一辞典只是为了方便自己使用,从未想过或期待将之出版。不过现任教于费城布林莫尔学院的凯德伯里教授(Professor Cadbury,以前任教于哈佛大学)读到了这一讲座的相关内容之后,便力促我出版这一辞典,并且积极为之寻找资金支持。于是通过凯德伯里教授的热心帮助,我得到了乔治·亚历山大·科胡特博士(Dr. George Alexander Kohut)的慷慨赞助;在科胡特纪念基金的赞助之下,这本我原打算将手稿遗赠给学院图书馆的辞典,将如我所望在不久的将来出版发行——在这
002 里非常感谢科胡特博士。然而科胡特博士的慷慨并未就此结束。就在前不久的八月,通过他,我收到了来自怀斯主席的讲座邀请,于是便有了当前这次讲座。我知道自己与一位最杰出的美国学者还有差距,他由于健康原因而无法

为大家开设讲座；而我站在这里最大的遗憾也是我提供给各位的讲座，无法像乔治·富特·莫尔博士所做的讲座那样寓教于乐；莫尔博士关于“犹太教”的最新巨著，吸引且指导了所有读者。这里，我唯一需要补充说明的，是我一生深爱且学习着犹太古史，特别是对传播古代世界犹太教知识的两部文集（即被称为“七十士译本”的希腊语《圣经》和约瑟夫斯的著作）更是如此。

对在各位面前尝试评说你们民族的历史学家，我深感冒昧。然而约瑟夫斯的朋友中，确实是基督徒远多过他自己的同胞，而且他的职业生涯是在敌意中开始的。犹太人憎恨他，视他为叛徒、变节者，基督徒则因为《犹太古事记》中关于他们主上那极富争议的文章而对他大加赞扬。外来者——即便是基督徒——所处的立场，很可能会使他们比约瑟夫斯的同胞更加公正地评价约瑟夫斯著作的价值。就我自己对那些特殊文章的解读而言，如之后所展现的，我并未偏向约瑟夫斯。他的著作的重要性不言而喻，对我们基督徒更是如此，但我们却没有对他进行很好的保护。关于他对基督教态度的问题曾经充满争议、模糊不清，而人们也低估了他作为一个爱国者和犹太教辩护者的纯正优点。对他的缺点我也并非视而不见。作为《洛布古典丛书》之约瑟夫斯著作的译者，我在过去多年几乎每日与约瑟夫斯相伴，不过我需要承认与他相伴并非总是令人愉快。《洛布古典丛书》对学界来说是一份非常宝贵的恩惠，来自你们美国的另一位富有公益心的赞助人詹姆斯·洛布博士（Dr. James Loeb）。约瑟夫斯的缺点非常明显，但相应补偿也很多。不过我会将自己对约瑟夫斯性格和著作的评价存留到后面。

对于约瑟夫斯的研究，最近步入了新的阶段。在我自己的国家里，曾 003
经一段时间，几乎每个家庭中都会有两部书，即《圣经》和约瑟夫斯的著作——威廉·惠斯顿（William Whiston）那古老的18世纪版本。但那样一个对之不加辨别、普遍欢迎的时代一去不返，代之的是一个新的、探究更加科学的时代。这个新时代开始于大约40年前，以受到过严格批判的本尼迪克特·尼斯（Benedict Niese）版著作的出现为标志。20世纪，来自M.西奥多·雷纳克（M. Theodor Reinach）及其同事的高价值法语注释版著作开始分集出版，到现在，已接近完成。而在德国，我们从理查德·拉克尔先生（Herr

Richard Laqueur)[1]那里取得了关于历史学家约瑟夫斯的极具建设性和革命性的研究，亦从威廉·韦伯(Wilhem Weber)[2]那里得到了对《犹太战争》之根源的有趣调查。关于约瑟夫斯的证据(约瑟夫斯证据中关于基督教、耶稣基督的叙述)之真实性的争论再启，其中爱德华·诺顿(Eduard Norden)为怀疑一方的主要倡导者，而哈纳克(Harnack)及伯基利(Burkitt)则作为坚强的拥护者对之进行辩护。在俄罗斯这片不幸的土地上，最近也出现了新的证据，也许能证实前述之革命性研究。不管怎样，这一新证据造成了最近持续数年的争论。新证据即发现的斯拉夫版《犹太战争》，它包含了关于殉道者约翰、耶稣基督和早期基督徒的更加陌生的典故。一些处于领导地位的权威认为它原始且完整，直接来自我们那位犹太历史学家。此问题虽依然是悬案，但业已唤醒了我们的各位作者的兴趣。

我讲座的主题是作为一个人和一位历史学家的约瑟夫斯，而非约瑟夫斯所处的历史时代，但适当地提及之前和当时的历史，也不可避免。这个时代对约瑟夫斯自己的国家、民族，以及整个世界均意义重大。如同我们从非基督教
004 历史中所获悉的，有一个广泛且深层次的信念贯穿整个东部世界，即从朱迪亚走出的那个人或那群人，注定要在那个时代统治世界。犹太人中的大部分，之所以会有强烈愿望独立并升级自己与罗马的冲突(最终以灾难收场)，这一信念无疑是一个主要的因素。想必大家对那些引起冲突的导火索已经非常熟悉，所以这里我只须提及标志性事件。在充满荣耀的哈斯蒙尼王朝(Hasmonaean House)时代，曾有一段时间，即在继承者犹大·马加比(Judas Maccabaeus)的统治下，以色列微微显示出重获了一些大卫时代之荣光，但这微光也很快便因亚里斯托布鲁斯(Aristobulus)和许尔堪(Hyrcanus)兄弟间的争斗，以及引入罗马为调停者而结束。木已成舟！亚里斯托布鲁斯以行动表明自己执着于对抗，于是庞培在公元前63年占领耶路撒冷，并将叙利亚变为了

[1] 《犹太历史学家弗拉维·约瑟夫斯》(*Der jüdische Historiker H. Josephus*)，吉森，1920年。
[2] 《约瑟夫斯与韦斯巴芗》(*Josephus und Vespasian*)，柏林，1921年。

罗马的行省；许尔堪甘心为罗马之仆从，借此得以维持自己徒有其名的王权。哈斯蒙尼王朝到最后之时，已经危机重重，王权逐渐被以土买人（Idumaean）、篡位者安提帕特（Antipater）和他儿子希律夺走。之后是希律王漫长的统治时期，这是一个在罗马支持之下表面辉煌，内部却民族压迫重重，且对统治者之民族不满日渐沸腾的时代。希律在公元前 4 年一去世，暗火便即刻变成为熊熊大火。名义上的继承人亚基老（Archelaus）为巩固自己的头衔，一方面不得不在罗马和来自其同胞的要求独立的代表团于奥古斯都面前战斗，另一方面不得不同时在巴勒斯坦与各种敌对的寻求王位者斗争。亚基老大约持续十年的暴政在公元 6 年随着他被流放而结束，而朱迪亚则在该年被并入罗马叙利亚行省，由罗马地方行政官统治。也就是在这一年，奋锐党（Zealots）诞生。奋锐党人为极端反罗马分子，约瑟夫斯将他们称为"第四大派"（The fourth sect，其他各派为法利赛派、撒都该派和艾赛尼派），并断定这些奋锐党人要为最后大灾难中的所有恐怖事件负责。随之而来的罗马行政长官奎里尼乌斯（Quirinius），在公元 6—7 年时采取措施，对新并入地区的各种财产进行估价，于是引起了加利利的犹大（Judas of Galilee）和其同伴发动起义。约瑟夫斯写道："他们宣称财产估价除直接奴役外毫无他意，并号召全民族团结起来保卫自己的自由。"[1]在联合起来的狂热爱国者们的力促下，再加上最后那位贪得 005
无厌的罗马地方行政官的助推，最终导致了那场 60 年之后的战争爆发。

对约瑟夫斯的一生，我们完全依赖这位历史学家的叙述——部分包含在他于自己人生之末时，出版的那一未完成之著作《自传》中，部分则包含于分散在《犹太战争》的短评中。他的《自传》是一部内容比例失调的著作。该著作大部分内容都在记述约瑟夫斯在加利利的六个月，即韦斯巴芗的军队到达加利利前的六个月时间，其间约瑟夫斯手握加利利地区的指挥权，或是手握一些委任状，为使这部分主要内容更加完整，他将自己之前和之后的个人经历精简概述，分别作为序言和后记附加在书中。这部著作不成比例是因为其为一部"自辩"（apologia）型作品，之所以出版是为回应敌对历史学家太巴列的优

［1］《犹太古事记》卷 18，第 4 节。

斯图斯(Justus of Tiberias)的破坏性批判;优斯图斯的历史叙述显示出其接近于公元1世纪末,他试图将战争的责任,或最少是将他家乡太巴列起义的责任加诸约瑟夫斯。优斯图斯的历史著作没能保存下来,所以很不幸,我们只能依靠约瑟夫斯自己极度不一致的著作,来检视他的叙述。稍好一点的是我们在《犹太战争》中,获得了内容与《自传》叙述之时期重叠的第二份相关叙述。其中存在着不可解释的矛盾,所以必须宣称,与敌意爆发有关的关于约瑟夫斯个人传记的短评,是他著作中可信度最低的部分。关于他在加利利指挥的两种不同叙述之间,存在无数的不一致——角色次要或是重要、背叛是因恶劣的粗心或纯粹的欺诈,它们恐怕都无法使约瑟夫斯在之后完全避免受到指控。批判他的人迫使他不得不承认自己对一些要素,并非如他自己所说的仅是"抑制"[1]了,事实显示出他将之严重扭曲。在两种解释不一致之处,《自传》更接近事实,关于这部著作的起源,之后我会详细介绍。除去在加利利那关键性
006 的半年,我们便没有理由怀疑约瑟夫斯关于其人生之梗概的大致准确性。

约瑟夫斯出自祭司家族,母亲还有王族血统。他本名约瑟夫·本·马提亚斯(Joseph Ben Matthias),出生于罗马皇帝盖乌斯(卡利古拉)[Gaius(Caligula)]继位之年,即公元37—38年间,此时刚好介于一个暴风年代的中段,即从公元6年加利利人犹大领导之下奋锐党崛起,到公元66年爆发与罗马的战争这一时代中间。我们不知道约瑟夫斯去世的确切年代,但他很可能是在公元2世纪的前几年离开人世。他的一生被那场大战分为两个几乎一样的部分:前30年作为祭司、将军、囚徒,在巴勒斯坦紧张地生活着;后面的时间,他变为罗马公民、作家相对平静地生活在罗马帝国首都罗马。

在约瑟夫斯出生的前一年,罗马将其在朱迪亚的行政长官本丢·彼拉多(Pontius Pilate)召回,而希律·亚基帕一世(Herod Agrippa I)也刚刚从新皇帝那里获得自由及他祖父的王国的一部分。少年约瑟夫斯的记忆会使人回忆起一些情景,即一些由于皇帝卡利古拉狂热地试图在圣殿竖立起其塑像,而引起的发生在巴勒斯坦的令人激动的情景——当时,由于罗马总督佩特罗尼乌斯

[1] 《自传》,第338节。

(Petronius)拖延执行命令和皇帝的适时去世,战争才得以勉强避免。对于他所受之教育,这位历史学家告诉我们他自己智力早熟,在 14 岁时便向博学拉比寻求指导——的确如此;两年后,他开始了可被称为其短期大学课程的学习,其间他观察学习三个全国性派别,即法利赛派、撒都该派和艾赛尼派。最后一派超凡脱俗的苦行生活在此时深深吸引着他,给他留下了不可磨灭的印象——他在《犹太战争》中给了我们关于此团体全面且恰当的说明。这位世界主义者似乎曾真正喜欢在本性上,尽全力于禁欲主义。不管怎样,在完成自己在耶路撒冷的课程后,他开始在荒漠展开了为期三年的苦行生活。他写道: 007
“由于对之前所获经验的不满,所以在听说有一位名叫巴努斯(Bannus)的人,为了纯洁的目的而夜以继日地住在荒野,仅身着用树皮所做之衣物,以完全野生之物充饥且经常用冷水净身时,我便决定诚心追随他。”[1]从这位我们可称之为“顺从洗礼者”(Hemerobaptist)的苦行者那里可知,他似乎知道一些在原则、信条上志同道合的人,如基督教先驱施洗者约翰。但约瑟夫斯并未注定会一直做隐士,当他在 19 岁回到耶路撒冷时,便确定加入法利赛派。

约瑟夫斯在自己成年后的最初几年,涉入了一桩著名事件。他在公元 64 年,即自己 26 岁或 27 岁时,第一次造访罗马。这次造访的目的表面看起来非常善意,即试图使皇帝尼禄释放一些约瑟夫斯熟识的祭司,他们因为一些微不足道的指控,被罗马在朱迪亚的行政长官菲利克斯(Felix)送到罗马接受尼禄的审判。约瑟夫斯依靠一些名声不那么好的代理人的影响得以不辱使命,这些人的协助不可或缺。其中有受皇帝喜爱的犹太演员阿利土鲁(Aliturus),以及声名堪忧的波培娅(Poppaea,皇帝现任妻子,曾是皇帝及宫廷中所有强权者的情妇)。波培娅这位声名狼藉的女士曾献媚于犹太教,于是凭借她对犹太民族的偏爱,我们的历史学家在其他地方将她尊称为“敬神者”(god-fearing, ζεοσεβής)[2]。如其他人所做的那样,试图将这次旅行与当时的其他事件,特别是与基督教历史联系起来,完全是徒劳的。一位作者[3]便希望将这次犹

〔1〕《自传》,第 11 节。
〔2〕《犹太古事记》卷 20,第 195 节。
〔3〕埃德沙姆(Edersheim):《基督教档案词典》(*Dict. of Christian Biography*),“约瑟夫斯”条目。

太祭司的获释与使徒保罗(Apostle Paul)的获释联系起来;使徒保罗在几年前被非斯都(Festus)送到罗马受审,他和约瑟夫斯一样,在前往罗马的途中遭遇海难。在公元64年,罗马被焚毁,基督徒也在这一年因被控煽动暴动而遭到迫害。还有一位作者[1]曾隐秘暗示约瑟夫斯为确保他的救助可行,贿赂
008 了波培娅大量礼物。这两个观点均无事实根据,但我们可以就约瑟夫斯对罗马的这次访问是否包含一些与迫近其祖国之战争有关的隐秘动机,进行合理推测。

不管怎样,这次访问都给约瑟夫斯留下了罗马可能天下无敌的印象。于是当他回到朱迪亚,在发现自己的同胞们由于受到最后一任罗马地方行政长官的残暴统治,正一步步走向起义之路时,便努力安抚着好战派。他发现自己无力限制这些人,而且如他所说,害怕自己反复的警告,会招致憎恶并被怀疑站在敌人一边,所以他不得不在一段时间里试图以圣殿为庇护所。在就是否需要战争的争论中,约瑟夫斯和他的朋友无力制止反抗者“宣称他们的观点彼此一致”,便仅试图劝说这些人采取守势,让罗马人走第一步。约瑟夫斯写道:“我们这样做,是希望罗马叙利亚总督克斯提乌斯(Cestius)很快便能率领一支大军到来平息革命。”[2]

我必须将导致敌意爆发的事件轻轻带过,对此约瑟夫斯给了我们形象生动的描绘,不过其间他说自己是领导者。罗马地方行政长官的贪婪和专制点燃了敌对之火。与卡利古拉统治时期避免战争的佩特罗尼乌斯个性极为不同,弗洛鲁斯(Florus)为了掩盖他在更大灾难之下的暴行而在焦急地煽风点火。暴风眼有两个,即罗马总督驻地恺撒里亚(Caesarea)和耶路撒冷。弗洛鲁斯在这两地都尽可能地惹事生非。在恺撒里亚,犹太人和当地居民叙利亚人间的争斗规模巨大,一波反犹太思潮席卷所有叙利亚城市,以及埃及的亚历山大里亚。在恺撒里亚,有关城市所属的争论已经持续很久,犹太人凭借该城的建立者是希律王,便宣称城市属于他们;但在前不久,这一上诉至尼禄的争

---

[1] 蔻瑞森(Corrsen):《新约知识杂志》(*Zeitschrift für die N.T.Wissenschaft*),1914年,第139—140页。

[2] 《自传》,第20节及以后。

端,刚刚因一条倾向于希腊-叙利亚人的裁决而结束。战争爆发的表面借口是一桩微不足道的事件,即一座希腊建筑故意堵塞了一条通往一座犹太教会 009
堂的道路。犹太贵族向弗洛鲁斯申诉,并给他提供了8塔兰特以便拆毁那座建筑。弗洛鲁斯接受了钱财,承诺给予协助,但却立刻离开该地,如约瑟夫斯所说:"留下了一块可随意暴乱的土地,尽管他卖给了犹太人一份可武力解决事情的许可证。"[1]在耶路撒冷,他的行为与此类似,而压死骆驼的最后一根稻草则是其对圣殿财富的劫掠。就这样,一场风暴在愤怒中形成。一些滑稽之人发挥了他们阴冷的幽默感,提着篮子在人群中四处为执政官乞讨铜钱,就像是在为不幸的穷人乞讨一样。[2] 我不用再想结局:弗洛鲁斯采取了一些措施以报复对他的羞辱,他向克斯提乌斯求援;祭司们和上层徒劳地延缓着革命,亚基帕国王在聚集的市民面前做了优秀演讲;安东尼娅城堡被起义者夺取;希律宫的罗马卫戍队遭到围攻,他们在协议投降后遭到背信弃义,被屠杀;同时——"同一天、同一小时",约瑟夫斯写道[3]——恺撒里亚的犹太居民也遭到了他们市民同伴的屠杀。

这部戏剧的第二幕,开始于叙利亚总督克斯提乌斯·加卢斯进军耶路撒冷。克斯提乌斯将贝吉塔(Bezetha)北郊占领,之后胜利已经近在眼前,在那一刻,约瑟夫斯写道:"只要他决定强行穿墙前进,便会即刻占领耶路撒冷,战争也会就此结束。"[4]可他却令人匪夷所思地下令撤退。犹太人展开追击,在通往伯和伦(Bethhoron,一处古老的战场)的路上和罗马人纠缠在一起,由此撤退变成了溃败。第十二军团再未从这场屈辱中完全恢复。犹太这个弱小民族在敌人集合起来的强大部队面前取得了开始的胜利。这让人想起了布尔战争开始时的情况。

从克斯提乌斯在公元66年秋遭遇灾难,到公元67年春韦斯巴芗进军巴 010
勒斯坦期间的六个月很快逝去。约瑟夫斯再现了相关事件及其待在加利利的

---

〔1〕《犹太战争》卷2,第288节。

〔2〕同上,第295节。

〔3〕同上,第457节。

〔4〕同上,第531节。

这半年时光，他的著作满是这些内容——战火起于此地此时。但就这段时间，约瑟夫斯留给了我们两个版本的叙述，其中之一在他的《自传》中，异常全面；另一在《犹太战争》中，是一份简短概要。两个版本矛盾重重，这使得重建当时历史，以及发现约瑟夫斯的真实目的和策略极端困难。约瑟夫斯此时的行为遭到敌视他的领导人吉斯卡拉的约翰（John of Gischala，奋锐党人，试图将约瑟夫斯罢免，进而取代他）的严厉指责；在30年后一位敌对的历史学家提比里亚的优斯图斯再次对此进行了指责，他在其已经佚失的相关战争历史著作中对此进行的摧毁性评论，导致我们的约瑟夫斯写作自传。缺乏公正、位置模糊的反战者被迫拿起武器，约瑟夫斯自己那时一方面努力讨好罗马人及他们的追随者国王亚基帕二世，另一方面又回应着他的犹太同胞的批评，这一切混合到一起造成了他叙述的混乱。以这可疑的解释为起点，理查德·拉克尔先生在数年前开始的研究（关于我们这位历史学家之人生），虽然有些富于幻想，但也是新鲜和鼓舞人心的。至少在一点上我认为拉克尔先生是正确的，即通过《自传》我们可真正更接近事实。我们面对两个问题：第一，约瑟夫斯的动机究竟是什么？第二，他被赋予了什么权力？他越权了吗？

最基本的矛盾点在约瑟夫斯到底被赋予了怎样的权力这一课题上。在《犹太战争》中，我们读到犹太人在追击克斯提乌斯之后返回并聚集在圣殿，为指挥战役额外任命了一些将军。[1]“格瑞安（Gorion）之子约瑟夫和大祭司亚拿纳（Ananus）被选举出来全权掌握‘大都市’（即耶路撒冷），并专门负责升高城墙。”整个国家被分为六大将军区，约瑟夫斯被任命领导最后一个：“马提亚斯之子约瑟夫斯受命领导两加利利地区，及该地区最强大的城市加马拉（Gamala）。”

011 与上述内容相对应，下面我们将追寻《自传》中的相关叙述[2]：“打败克斯提乌斯之后，在耶路撒冷的领导人注意到那些土匪[3]和革命者得到了良好的武装，而他们自己却几乎手无寸铁，对此他们感到恐惧，害怕自己会成为敌

---

〔1〕《犹太战争》卷2，第562—568节。

〔2〕《自传》，第28—29节。

〔3〕长久以来对极端反罗马分子的称谓。

方的案上鱼肉——最终事实确是如此。此外他们获知并非整个加利利都已起兵反抗罗马，还有部分地区依然平稳宁静，于是他们便派遣我和另外两位品质优秀的祭司约亚撒（Joazar）和犹大（Judas）一起，前去引导不满的人们放下武器，并让他们从内心深处明白保留下民族精英的有利之处。之后，事情决定下来，即人们继续持有武器以应对未来的不确定性，但应该等待、观察罗马人将采取什么样的行动。"

由此，《自传》中我们这位年仅29岁的年轻祭司，是和另外两位很可能是他上级的祭司一起，被派去承担解除鲁莽之人的武装、努力保持和平的任务；但在《犹太战争》中的描述则是他在一开始便为加利利的军事领导人。约瑟夫斯在一开始很可能仅处于从属地位，在他于之后获得最高指挥权前，没有相关内容被提及。约瑟夫斯越权了吗？很可能，无论怎样，相关的叙述显示他好像如此。《犹太战争》中记述，约瑟夫斯在一开始便被任命担任重要的军事职务——适合说给罗马人听，他对自己以罗马阵列训练军队的解释同样如此[1]，"他深知罗马非常强大，无法战胜，这尤其要归功于罗马人的纪律和军事训练。假设他对提供相似的教导（唯有通过长期运用方可获得）毫无信心，而他又注意到罗马军队的训练和纪律应归功于他们军官的数量，于是便将其军队分成罗马式阵列，并增加连队指挥官数量"，如此等等。

《自传》中描绘的情景完全不同，其间并没有显示他获得罗马方法和战略战术的知识。《自传》还告诉我们约瑟夫斯没能完成分派给他的任务，即解除起义者的武装，约瑟夫斯写道："我召集匪盗中大部分的顽固分子，劝说人们将这些人视为雇佣兵并付钱给他们——我发现想要解除这些人的武装几乎不可能"，通过誓言"不得进入市区并禁止攻击罗马人和他们的邻居，除非佣金遭到拖欠，禁令才可解除"约束这些人。[2] 约瑟夫斯进一步解除了他祭司同事的职务，将自己的同事描述为只想征集什一税以便填满他们自己的口袋——什一税可能为战争基金，不只是为填满他们的口袋。一场关于指挥权 012

[1]《犹太战争》卷2，第577节及之后。
[2]《自传》，第77—78节。

的长期争斗随之而来。此时在加利利，对手吉斯卡拉的约翰开始争夺领导权，约瑟夫斯将此人描述为头号敌人。这一切注定要在围攻耶路撒冷中起到重大作用。约翰向他在耶路撒冷的朋友表示出对约瑟夫斯的质疑，他认为约瑟夫斯的目的是 τυρανίς，并恳求他们诱使议会剥夺约瑟夫斯的指挥权，改任命他为指挥官。大祭司亚拿纳和西蒙[Simon，迦马列(Gamaliel)之子，约瑟夫斯对他评价很高]受到诱导，派遣了一个秘密四人代表团前去解除约瑟夫斯的职务，代表团显然包含我们历史学家的前同事之一约亚撒——对此约瑟夫斯显然感到惊惧。约瑟夫斯用智慧战胜代表团，这使他在耶路撒冷得到了支持，并得以复职，或者我们也许该说的是他的职位得以合法化。

如若要继续深究约瑟夫斯的策略和动机，我们只能说他在耍两面派，在伺机而动，他很可能依然徒劳地希望通过某种形式的协商、妥协来避免战争。在知道约瑟夫斯是一个和平主义者且有亲罗马倾向的情况下，耶路撒冷为何依然任命他担任如此重要的职位是个迷。约瑟夫斯的行政区处于分裂中，首府西里弗斯(Sepphoris)依然坚定地倾向罗马(尽管这样的叙述曾遭到否认)，但它显然不可能与约瑟夫斯有任何交易；加马拉也依然被归于忠诚派；提比里亚则是内讧不断，对约瑟夫斯来说这里是麻烦不断和个人威胁的源泉。在应对
013 战争方面，我们获悉约瑟夫斯在训练志愿者，并在他个人管理下的城市和乡村设防——这些地方的名单，相当不确定，我们作者的两份叙述矛盾重重。另一方面，他的一些叙述让我们深深怀疑他站在哪一方、同情哪一方。如在回应吉斯卡拉的约翰要求他授权其获取位于上加利利乡村的帝国粮食储备时，出于维护自己的优先处置权，他告诉我们："我打算保存谷物，或给罗马人，或我自己使用。"[1]无怪乎他这样一个将军会被怀疑心怀叛国投敌的计划。但情势是由起义者和极端分子主导着，约瑟夫斯他们一直称呼这些人为"匪盗"(λῄσται)，而派他去就是为解除这些人的武装。只要约瑟夫斯不被取代，这些人便会迫使他站在好战一派的前端。

在《犹太战争》中，作者继续着故事。在韦斯巴芗于公元 67 年春从安条

---

〔1〕《自传》，第 72 节。

克(Antioch)率军到来时,约瑟夫斯军队中的大部分志愿者离他四散而去,他不得不投身于设防的城市犹塔帕塔(Jotapata),以抵抗围攻——如一位罗马将军之评论:“故意进入监狱。”[1]对于那47天的围攻(约瑟夫斯持续不久的军事声望)、城市的陷落、他在隐蔽处巧妙摆脱同伴的谋杀后被罗马人俘虏,以及他预言韦斯巴芗将崛起获得帝国最高权利等事情,约瑟夫斯均留给了我们形象的解释。也许我可以通过约瑟夫斯自己的语言让大家回想起各位所熟悉的发生在那山洞中的情景。约瑟夫斯所藏身的隐蔽所被发现,就在一些罗马军官被派来抓捕他的时候,他决定选择投降;但他的同胞们阻止了他,威胁要将他杀死。于是约瑟夫斯立刻就自杀的邪恶,向他的这些同胞们做了词藻华丽、长篇阔论的演讲——很难相信这些人能忍受。“但是,”约瑟夫斯写道:“绝望掩住了他们的耳朵,因为他们很久以来一直都要自我牺牲。”[2]接着这些人手握利剑,从自己一边扑向约瑟夫斯。“但是他大呼一人的名字,并用他那充满权威的将军之眼将另一人钉住,又紧扣第三个人的手臂,同时通过恳求 014
使第四个人感到羞愧——总之在这个生死攸关的时刻,他用尽一切情感方式,成功使自己的喉咙摆脱了所有的刀剑,也使自己在面对连续出现的攻击者时,变得如同被猎人围攻的野兽一样。即便在他最窘迫的时候,这些人依然对自己的将军充满敬畏。他们的双手无力,利剑歪到一旁,在对他进行威胁时,许多人不由自主地丢掉了自己的武器。但是在被困时,他的才智让自己没有被抛弃。因为相信神会保佑自己,他将自己的生命孤注一掷。”他提议所有人通过抓阄来决定相互毁灭的顺序。“这一提议提起了人们的信心。他的建议被采纳,并与其他人一起抓阄。由此,每个人都选择了将自己的喉咙交给自己的邻伴,以确保他们的将军也毫不拖延地分享与他们相同的命运。他们认为约瑟夫斯的死亡要远比他们活下去令人高兴。然而最后只剩下了约瑟夫斯和另一人(我们该说这是幸运还是神的决定?)。因为渴望既不受到抓阄的判决,又不想由于自己留在最后而需要双手沾染自己同胞的鲜血,约瑟夫斯便对剩

〔1〕《犹太战争》卷3,第144节。
〔2〕同上,第384节及之后。

下的另一人一边劝说一边恳求,希望继续活下去。"

我们无法确切说出约瑟夫斯究竟在抓阄中使用了何种手段,使他得以摆脱那个危险时刻。但是如若我们能够相信斯拉夫版文献(其中保存下来了关于这段不光彩插曲最原始的阐述),那么他确实是要了把戏,因为在这一最早版本中,他厚颜无耻地承认了这一切。在此,我们获悉的不再是关于虔诚的讨论——"人们该说这是运气还是神的庇护呢?"——而是"他狡猾的计算,由此得以误导其他人"。这名囚犯被直接带到韦斯巴芗那里,对于之后发生的事,约瑟夫斯的叙述是基本可信的。他关于韦斯巴芗很快将成为帝国皇帝的预言——得到一位非基督徒的证实[1],更加紧密地嵌入于叙述之中,成为他这名囚犯在随后获释的理由——结果是编造的,但至少必须相信他对当时的各
015 种迹象有着相当的判断力。这一预言曾被认为在事实上要归功于约翰兰·本·撒该(Johanan ben Zakkai)这个完全不同类型的人[2],但拉比却在这种情况下,毫无顾忌地将这份预言家的荣誉转授给了一位更受欢迎的英雄。

自此之后,约瑟夫斯落入罗马人之手,先是作为囚犯,接着成为观众、记者、译员和中间人,总之此时的他已经相对安全。对他的敌意在动荡的公元68—69年间部分暂停——这一年共诞生了四位皇帝,我们看到了尼禄的死亡,以及先后继承大位的三人,皇位的传承极快又危机重重。最后在公元69年7月,韦斯巴芗的军团掌控了局势,并宣布韦斯巴芗为皇帝。韦斯巴芗成为皇帝后颁布的第一道敕令便是释放他的犹太俘虏,这些人的预言此时成真了。之后约瑟夫斯陪伴韦斯巴芗前往亚历山大里亚,其间他为自己争取到了在这座伟大的城市短暂停留的机会,由此他得以积累关于亚历山大里亚的知识——这些知识出现在了他的著作中。之后他随着要围攻耶路撒冷的提图斯(Titus)返回朱迪亚,见证了最后的结局。他不断地被提图斯征用为中间人,前往城墙周围劝说守军投降。此时他再次处于危险之中,犹太人中的奋锐党

---

[1] 苏埃托尼乌斯(Suetonius):《罗马十二帝王传》"韦斯巴芗"篇,第5节。

[2] 《拉比拿单箴言》卷4,第5节,莫尔引用,参见《犹太文明》(*Judaism*)卷2,第116页。

人对他恨之入骨，而罗马人无论在任何情况下遭遇失败也都会怀疑是他叛变。在犹太人最终崩溃后，提图斯将耶路撒冷城外的大片土地和一些“圣书”（sacred books）赠送给他。此外，他还使自己的许多朋友获释。之后他随着征服者一起前往罗马。

约瑟夫斯在罗马度过了30年或更长时间，其间乏善可陈。他作为弗拉维家族的委托人，受命撰写他们的胜利史，由此获得了一系列的奖励，即成为罗马公民，还获得韦斯巴芗以前宫殿中的一个房间为免费住所，以及皇帝新近制定的一份津贴。[1] 他见证了征服者们获胜的过程，个中情感则留给了我们想 016
象。他也一定看到了从内战和尼禄大火留下之灰烬中崛起的新罗马。在曾经那激动人心的情景过去之后，我们的历史学家一直过着终日伏案的平静生活，直到他的同胞，包括他的家人在内，对他展开持续不断的攻击，他的生活才开始出现变化。他被控资助了发生在昔兰尼的犹太人起义，并遭到他儿子家庭教师的诽谤；晚年之时，他又受到对手优斯图斯的攻击，此人毁灭性的揭露，威胁到了他安稳的地位和著作的销售。公元79年提图斯去世，这标志着他周遭环境开始恶化，以及他文学创作的新开始。失去荣耀的资助人，他得以摆脱罗马人的束缚，成为自己民族的一位历史学家和辩护者。但这位为人憎恨的逃兵之后再也无法重获自己同胞的感情，对他永志不忘的是罗马。我们从尤西比乌斯那里得知[2]，罗马城中竖立着约瑟夫斯的塑像，其著作也被收藏于公共图书馆中。

至于约瑟夫斯的家庭生活，则是婚姻问题不断——就他以自我为中心的个性而言，这一点儿都不奇怪。他至少结过三次婚，他被一任妻子遗弃，又与另一任妻子离婚。[3]

就我们这位作者职业生涯的简要概述，今天我仅触及两个课题。其中第一个是文献问题，关系到作者自传的起源；第二个则是一个困难得多的任务，

---

〔1〕《自传》，第423节；苏埃托尼乌斯：《罗马十二帝王传》“韦斯巴芗”篇，第18节。

〔2〕《教会史》卷3，第9节。

〔3〕《自传》，第415、426—427节。

即尝试评价我们这位历史学家的个性。

《自传》是约瑟夫斯留给我们的最后一部著作，其完成时作者绝对已经年过六旬。此著作中顺便提到了亚基老二世之死，我们从其他资料[1]得知此事发生在公元100年。很迟才出版自己关于那场战争的历史著作的优斯图斯说道："为什么你不在韦斯巴芗皇帝、提图斯皇帝在世时……以及亚基老国王和他所有家人……还在我们中间时出版它？"[2]《自传》实实在在是一部"生命
017 之歌"(apologia pro vita sua)。它之所以存在是因为优斯图斯之敌对历史著作的出现，它的目的是为作者于30岁及之前在加利利的行为辩护。《自传》并非作为一部独立著作被出版，它是约瑟夫斯代表作《犹太古史》的附录，或者说是该著作的第二版或后期版本的附录。现在，若一部著作中存在两篇前言，那么也许便可将之标记为第二版。从约瑟夫斯著作的结束语中，可得出相似的推论。《犹太古史》有两篇结束语。在第一篇中，约瑟夫斯写道："此时我该停止自己的'考古'活动了。"[3]但之后，在告诉我们什么是优异成就后，他继续写道："不过简要介绍一下我的家庭和我人生中发生之事也许并非不恰当，毕竟宣布我有罪或支持我的人依然活着。"《自传》，如我所说，写于公元100年后，那么第一篇后记也只能属于公元2世纪。不过之后他开始了新的总结。约瑟夫斯在第二篇总结中说，"不过这里我将结束自己的'考古'活动"，并确定了著作中各内容的行数(στίχοι)、未来的一些文学计划，以及著作的完成日期——"图密善(Domitian)统治的第13年"，即公元93—94年。就此，我们拥有的较早的结束语(属于第一版著作)，过去认为它完成于公元1世纪的最后十年间，但现在则将其完成时间推迟至公元1世纪结束时。

尽管我们了解到《自传》最早在公元2世纪出版，但最近拉克尔先生提出了一个理论供大家讨论——该理论认为《自传》的核心内容并非最晚完成，而是创作于作者30岁而非65岁时。拉克尔认为《自传》的主要内容一开始时，是作者为向耶路撒冷当局表示臣服而提供的一份官方报告，此间他汇报了自

---

[1] 《藏书目录》，弗提乌斯(公元9世纪拜占庭君士坦丁堡牧首。——译者注)。

[2] 《自传》，第359节。

[3] 《犹太古事记》卷20，第259节。

己在犹塔帕塔被围前于加利利地区采取的行动。这也是他在面对吉斯卡拉的约翰指控他越权且目的在专权时,所做的自我抗辩。这份非文学性报告在当时没有公开,直到多年后在遭到优斯图斯的攻击时,我们的作者才在自己文件的基础上又加以创作:他修改了一些细节,添加了序言和后记,最终所有这些 018
构成了《自传》。这一理论部分基于著作中叙述加利利时期的内容不成比例,部分基于著作中的不协调和不一致,特别基于对《自传》和《犹太战争》叙述重合部分的比较。依据前述观点,我们可在这些相关的内容中区别出所属时间不同的三个层次。第一层是作者年轻时写作的报告,它最接近于事实。我们的历史学家因和平使命而被派往加利利,他并非最高指挥官,而吉斯卡拉的约翰也依然是朋友而非敌人;大战迫在眉睫,不过还未如现在这样著名,甚至没有被设想;《犹太战争》还未被书写,读者们自然还未涉及相互矛盾的叙述。第二层为《犹太战争》中约瑟夫斯为服务其赞助人,即罗马人和亚基老国王,而有所修改的故事。此间内容记述作者在一开始便为最高指挥官,如此等等。最后,我们得到的是作者为应对优斯图斯之攻击,而经过再编辑和修改的叙述——最终《自传》就这样出版了。

拉克尔先生的理论颇具吸引力——约瑟夫斯保存了一些他所属时代的官方记录以便自己使用,或应要求呈递一份报告给耶路撒冷当局,这并非完全不可能。这一理论可以合理解释《自传》不同部分间出现的一些不一致。我曾经倾向于认为这一理论也许可以解释著作那粗犷的风格,此种风格与我们作者晚年精良的希腊语著作《驳阿皮翁》相比,显得非常奇怪。如果拉克尔先生正确,那么我们便应该可以拥有一份关于我们这位作家年轻时期,即他于罗马得到文学助手帮助前的风格的有趣遗物。总之,拉克尔先生这篇令人兴奋的论文,就约瑟夫斯的职业生涯给了我们不少新启示,如约瑟夫斯人生的各个发展阶段、其工作的方法等。其中,我认为比较特别的,是他提出的约瑟夫斯在不断校改自己早期著作的这一理论。但是这位德国评论家在探索检验著作用语措词时,并没有遵循自己的理论,没能证实其对《自传》"早期""后期"部分的区分。在编纂《约瑟夫斯手稿辞典》时,我曾简短检查分析了他的语言,如 019
前所述,拉克尔先生的理论由于著作风格的无数联系而失败,这些联系将整部

《自传》视为《犹太古事记》的最后一卷，给了我们两者创作于同一时期的建议。约瑟夫斯著作的风格，由于雇佣之助手各种各样——时而为此人，时而为彼人——明显参差不齐并分层，同时作者看似也会不时被扔回到要单独依靠他自己的境况之下。如之后讲座中所显示，协助写作《犹太古事记》卷 15 和卷 16 的助手为一人，协助写作卷 17 和卷 18 的又为另一助手，而卷 20 和《自传》则似乎出自约瑟夫斯自己之手。不管怎样，这两部书密切连为一体，并非仅因为我们所宣称的作者意图在《犹太古事记》末尾添加简历，亦或因为行文风格的外部证据。我们仅在这两部著作中发现“no small alarm”（无小警报）、“quell disturbances”（镇压动乱）、“when I saw to what a plight（μέγεθος）of misery they were come”（在我注意到他们遇到的悲惨困境时）等许多这样的语句，这些矛盾遍布整部《自传》，包括拉克尔先生宣称的“早期”部分。由此，拉克尔先生的论点唯有以一个推测为基础方能立稳脚跟，即推测约瑟夫斯在年轻时给耶路撒冷当局的“报告”——如最早的《犹太战争》草稿那样——以阿拉米语书写，而在之后此著作则被用希腊语重写。如果如此表述，那么这个理论对我来说便似乎无法拒绝且很有可能，但拉克尔先生反对如此推测。

我评估约瑟夫斯及其著作的尝试将会继续。事实证明约瑟夫斯并不完全和蔼可亲，也很少有什么英雄行为，他很个性。而且作为一个作者，他缺少一些伟大作家应有的基本素质。自我、利己、趋炎附势且谄媚自己的罗马赞助人，说他缺点非常明显也许非常恰当。他没有将自己的生命奉献给伟大事业，没有像同胞犹大·马卡比那样成为自己国家的好战解放者，也不像以斯拉（Ezra）和约翰兰·本·撒该那样在曾经的废墟上重建新的犹太教，亦不能像
020 修昔底德（Thucydides）那样严格且公正无私地记录自己民族的悲剧。然而我们不能就依据所有这些，便趋向夸张约瑟夫斯的失败，或者低估他纯正的优点及其为我们学习研究过去所做出的贡献。

我认为约瑟夫斯一生中及之后对他威胁最大的敌人，经常出现在他的同胞中——他们对经常被称为“变节者”“罗马分子”［Romanist（*Römling*）］的约瑟夫斯展现出深仇大恨，可以理解。我不知道其最新的传记作者拉克尔先生是否为犹太人，但他描绘的约瑟夫斯的邪恶肖像，使我倾向于认为他是犹太

人。拉克尔先生极为精彩的批判性著作给了我极大的帮助,但我认为他在诋毁约瑟夫斯的道路上走得太远。他对历史极富想象力的重建,基于将约瑟夫斯的著作区分为“早期”和“晚期”两部分,但这一区分却极为不确定且没有任何显著的风格变化能支撑。特别是关于约瑟夫斯在加利利的生涯梗概太过奇特,这六个月对约瑟夫斯的一生来说显得如此重大,而我们也经常面对它,它就像吊在约瑟夫斯脖子上的石磨。据拉克尔先生所说,年轻的约瑟夫斯在成功完成前往罗马的外交使命之后,几乎马上便获得了另一个在加利利的重要任务。这是一项和平任务,目的是解除奋锐党人的武装:对罗马的战争还未入人们的眼界,也没有将军得到任命。在发现这些“盗匪”对自己来说太过强大后,约瑟夫斯便用付钱的方法确保他们安静。他的同事没能完成他们的任务,忠诚地回到了耶路撒冷;而他则继续留在那里,摇身一变成为一个反抗权威的起义者,并使自己如同一个专制君主。但起义者束缚着他,迫使他步入了与罗马的战争中。他使自己成为起义者的领袖,但之后却在犹塔帕塔投降,背叛了这些人。而且作为起义的最初组织者,他要对耶路撒冷的最终陷落负很大一部分责任。他在《犹太战争》中的叙述在罗马人的指导和资助下完成,对事件歪曲极大。

这些对发生在加利利的插曲的重建,对于我来说似乎极为可疑。首先,约瑟夫斯前往罗马所执行的任务和他在加利利执行的任务之间并没有明显联系。拉克尔先生忽视了上述年份中间的那两年,其间事变不断。其中包括耶路撒冷的罗马驻军遭到屠杀,克斯提乌斯进军耶路撒冷及其撤退,还包括克斯提乌斯的军团在前往伯和伦道路上的溃败。这些事件使得大战不可避免,罗马人不可能不对这样的羞辱进行报复。战胜克斯提乌斯的人必须立即做些准备应对迫在眉睫的敌意,包括可能需要任命一些将军。那时约瑟夫斯是否获得了军事指挥权无法确定,他在加利利的生涯的大部分都模糊不清。不过对我来说,指责他反对自己在耶路撒冷的上级且目的在实行专制,真假可疑。他看起来一直在咨询耶路撒冷当局,且自始至终都与之保持着联系。由此,之后取其而代之的秘密尝试迅速转变为了他的正式复职。我应该对他是否有任何关于政治领导权的野心持怀疑态度。 021

综观约瑟夫斯的整个职业生涯,我不认为从他的错误中就能推断出他缺乏爱国热情。他在自己的著作中哀悼自己国家的命运,在被围攻的都城城墙下亲口规劝,以及他通过他人之口所做的劝告,都是真诚的。他过去是[1]个和平主义者,没有能够控制军人的强悍个性,并不适合作为中间人。谁能够真正控制这些头脑发热的人?谁又能说清若其建议获得采纳,历史进程将如何改变?犹太教作为合法宗教,在革命中收获几无,却损失了所有。我不能忘记约瑟夫斯并非独自一人在通过一系列事件注视着占据统治位置的命运:耶路撒冷的厄运,已经由他之前的另一人宣布。我们这位犹太历史学家在青年时
022 被卷入那些匆匆大事中,且被一股长久以来一直在聚集力量的民族情感所征服——他无法阻止这股感情,只能徒劳地努力对之进行引导。他认识到击败罗马帝国并通过协商避免大灾难毫无希望,不过在环境的压力下,虽然可以拒绝,但他依然尽自己最大的能力承担起了组织保卫加利利的任务。在耶路撒冷被围期间,他依然坚持不懈地通过劝降来努力避免最后的灾难;"崩溃"之后,作为征服者门客的他,可能曾受到怂恿而去否认自己的民族;但他将自己余生的精力投入到书写自己民族的详细历史,以及反对恶意世界对自己民族的诋毁的奋斗中。他为犹太教所做的优秀辩护《驳阿皮翁》,圆满服务了自己的民族。他确实配得上爱国者的称号。

我必须将对作为作者的约瑟夫斯的优缺点的评价,预留在后面两场关于《犹太战争》和《犹太古事记》的讲座中。下面我计划细究他周围种种对他产生了怎样的影响,换句话说,即试图评估他与自己本民族的犹太教、与他选择的希腊文明,以及与基督教间的关系。

---

[1] 这里我在某种程度上,重复了之前于 1923 年在伦敦犹太学院所做的讲座,该讲座收录在《犹太教与基督教之起源》[*Judaism and the beginngs of Christianty*,劳特利奇(Routledge)]中。

第二讲 《犹太战争》 023

昨天我概述了约瑟夫斯的一生，特别就他于战争开始时在加利利作为指挥官的活动，以及之后在围攻耶路撒冷期间作为中间人之事着墨很多。今天，让我们将场景从巴勒斯坦转移到罗马，从战场转移到我们这位历史学家的研究和文学生涯的开始——《犹太战争》，他最著名的著作。战后，约瑟夫斯在罗马寻得休闲，他的第一个成果，即他这部最著名的著作，便是这时候诞生的。该著作的写作，占尽天时地利——作者不久前还是战士、目击者，此时的他则平静、安逸地生活在韦斯巴芗以前的一座宫殿中，得以充分运用自己的记忆和罗马官方的记录。是什么构成了他使用的材料？他的动机和目的又是什么？那些受到作者人格及其与赞助人关系影响的叙述，或受到符合某些当代传统历史写作方法影响的叙述，距离真实有多远？本次讲座将对这些问题进行探究。

我们的作者在他的三部著作中，透露给我们大量关于他著作的原材料和写作方法的信息，所以我们从他实际的言语开始探讨极为有益，下面让我们看一下能够从中得出什么样的推论。

《犹太战争》这部著作的序言，以关于犹太人反抗罗马人那场大战的参考书目及之前那些关于此战不合实际的历史著作的参考书目为开始。对这些较早的历史学家，约瑟夫斯说道："一些人并没有参与那场战事，而是通过收集
的谣传及相互矛盾的故事，以一种夸张的修辞风格进行编辑著书。另外一些 024
人，虽然是见证了相关事件，但因献媚罗马人或厌恶犹太人而歪曲事实——他们的著作显示出有选择性的谩骂和赞美，但却没有任何历史精确性。在这样的情况下，我——约瑟夫斯，马提亚斯之子，一个希伯来人，一个耶路撒冷土著，一个祭司，在战争开始之时亲身反抗过罗马人，但之后不得不成为旁观

者——计划通过将自己之前用母语创作的送给内陆野蛮人的著作翻译为希腊语,为大家提供一个用事实叙述的关于罗马帝国的主题。”[1]他此时写作,读者对象大部分是那些受过教育的说希腊语之人,而所谓的“野蛮人”单指“非希腊人”,范围更小一些,“内陆野蛮人”,确切专指的,如我们所说,是那些“住在偏远地区的人”。“我认为这是恶毒的,”他写道[2],“容许事实在这样的情况下步入歧途,而通过我的刻苦努力,帕提亚人(Pathians)、巴比伦人(Babylonians)以及那些极为遥远的阿拉伯部落,与我们的同胞和阿迪亚波纳(Adiabene)的居民一起[3],获知了战争的确切起源,以及战争引起的灾难的各阶段和结果。而希腊人和没有参与那场竞争的罗马人,由于仅受到那些献媚或假想叙述的引导,依然对这些事处于无知状态。”从这样的叙述中,我们不仅获悉由于人们对那场战争的广泛兴趣,之前已经产出了大量相关历史著作,而且还得知在作者著作现存的希腊语版本之前,已经存在着为东方读者所写的较早的闪米特语(Semitic)[4]版初稿。

大约30年后,在自己的著作因受到批判而流行时,他两次深层次提及了
025 自己那时的写作环境。20年前,为抑制敌对历史著作,责备提比里亚的优斯图斯,他写了《自传》,但直到那场战争的最后一位主角离开人世,他认为无人能再驳倒他时,才将其公开发表。之后他继续写道:“我没有就自己的著作忧惧过。没有!我将著述呈送给皇帝本人,此时很难将事件隐瞒起来,如我意识到的,我需要陈述真实的故事。我期望能得到证实我的准确性的证据,我也确实没有失望。几乎同时,我也将自己的著作《犹太战争》呈送给了其他一些人,这些人中的某些人参与了战争,如亚基老国王及其某些亲属。实际上,提图斯皇帝是如此渴望我的著作,他认为这应该是整个世界了解那段历史事实的唯一权威,于是他在这些著作后署名并下达了出版命令。同时,亚基老国王

---

[1] 《犹太战争》卷1,第1—3节。

[2] 《犹太战争》卷1,第6节。

[3] 位于帕提亚人之上底格里斯地区的边界区域,阿迪亚波纳王朝在克劳迪亚斯(Claudius)的统治下皈依犹太教,一些王室成员在战争中站在犹太人一边。

[4] 希伯来语或阿拉米语。

写下了 62 封信件证明我的记录的真实性。”[1]约瑟夫斯将这些皇家书信中的两件作为样本附加于著作之后。第一封书信以“将剩余的卷本送给我”结束，著作仅显示了该信件的一部分。第二封书信则以希腊文草率写成，字迹潦草，其中如此写道：“国王亚基老致最亲爱的约瑟夫斯，问安。从你所写之内容看，显然你不需要指导便能使我们所有人（ἡμᾶς ὅλους）从你说的每件事中了解整件事。但是在你我会面时，我将亲自告诉你一些不为常人知道的内容。”约瑟夫斯继续写道：“而我完成这部《历史》，不是为了奉承谁，这与它的本性相反；很讽刺，它也并非如你（优斯图斯）定会说的那样满是恶意，而是充满诚挚；它，与我所有读者一样，可为著作的准确性作证。”

他在第三部分内容，即《驳阿皮翁》中[2]，以相同的语气写作，并增加了一些有趣的细节。此处，他再次提及了已在序言中引用的，由不可能接近事件现场之人通过收集道听途说所整理的历史著作，以及对他著作的匿名批 026
评——无疑是在指优斯图斯。他写道：“我则相反，诚实记述……如此呈现所有事件。我曾经指挥过所有被我们称为加利利人的群体，尽可能地进行反抗；我在被俘之后，被囚禁在罗马军营……之后获得释放，并被送往……和提图斯一起去围攻耶路撒冷。其间，哪怕偶然一件小事，也为我所知。我小心记录下在罗马军营中目击的每一件事，并且仅我一人处在理解逃兵所带来的信息的位置。之后在罗马人提供给我的闲暇时光里，我将自己所有的材料准备就绪，并因使用希腊语的缘故而获得了一些助手的帮助，最终全身心致力于写作叙述事件的著作。我对自己著作的真实性非常自信，自作主张越过其他所有人，直接将那场战争的最高指挥官韦斯巴芗和提图斯认定为自己的证人。我第一时间便将自己的著作呈送给了他们，之后又复制了多本送给许多参与了那场战役的罗马人。此外，我亦出售了大量著作给我的同胞、精通希腊语的人，其中便有尤利乌斯·亚基老（Julius Aerchelaus）[3]、最值得尊敬的希律[4]，以及

[1] 《自传》，第 361 节及之后。

[2] 《驳阿皮翁》卷 1，第 46 节及之后。

[3] 切西亚斯（Chelcias）之子和米利玛（Mariamme）的丈夫，亚基帕二世的姐妹。

[4] 未确认。

亚基帕国王本人[1]。所有这些令人烦扰的证据都证实我在一丝不苟地保护事实,他们不是那种如果我通过无视或偏袒去歪曲或省略任何事实还隐瞒情绪或保持沉默的人。可是某些卑劣的人已经在试图污蔑我的'历史',并将之视为树立给学童学习的获奖作品。"如此等等。这里有一些有趣之处。如其间有迟到的给希腊语助手的感谢,最后一句中出现了批评,这显然伤害了我们的作者。我认为不能诋毁著作风格粗糙,这要感谢作者才能出众的助手,因为他们,这部著作无须受到这样的指控,但是有得必有失,作者虽得了文采却失
027 去了精确性。那匿名批评将约瑟夫斯与一位伟大的雅典历史学家相比较,他——毫不关心他缺乏神话(τὸ μή μυθώδες)的严肃叙述会否令听者失望——在那非常有名的一句话中这样评论:"我的历史是一份永久的财产,而非听后即忘的获奖作文。"[2]最后,我们看到我们的作者当起了自己著作的书商。在《自传》中我们获悉亚基帕国王收到了一份著作的抄本,此时他成为购买者之一。我设想我们也许可以得到这样的结论,即从第一份抄本得到的愉悦导致他购买了第二本。

两个主要的事实自上述这些叙述中浮现。其一,这部著作是在罗马人的赞助下完成的。我们的作者获得了提图斯的赞许:它的准确性不仅得到了罗马指挥官的证实,而且也得到了各附庸国王室成员的证实,特别是国王亚基帕,他在创作的每个阶段都提供了意见建议。其二,这部著作发行了两个版本,早期为起草给东方读者的阿拉米语版,之后为给西方世界的希腊语版。

将这两个事实放在一起,再加上关于早先版本对象为东方读者及其创作与传播必定非常迅速的注释,我认为我们可以确切得出关于这部著作写作动机的一个推论,对此拉克尔先生已经敏锐探知:征服者分配给约瑟夫斯一个任务,即为宣传的目的写作一部关于那场战争的官方历史著作。[3] 这是一份告示,意在警告东方进一步的反抗毫无意义,同时意图平息战后人们对复仇的渴

---

[1] 亚基帕二世。

[2] 《修昔底德》卷1,第22节,"乔伊特"(Jowett)。

[3] 拉克尔:《犹太历史》(*Der jüd. Historiker*),第126—127、255页。

望——但反抗和复仇最终还是在图拉真(Trajan)和哈德良(Hadrian)时期猛烈爆发出来。建议大家扫一眼出现在序言中作者经过深思熟虑的读者名单:“帕提亚人、巴比伦人、最遥远的阿拉伯部落,以及我们远在幼发拉底河的同胞和阿迪亚波纳居民。”[1]帕提亚人崛起的危险,对罗马来说是一个持续不断 028
的威胁,于是处在边界第一线的种族,位置越来越重要。再次,在最近的战争中,巴勒斯坦犹太人怀着从他们的巴比伦同胞那里获得协助的巨大希望。约瑟夫斯写道:“帝国整个东方处于平衡中,获胜的希望点燃了反叛者,他们的对手则害怕失败。因为犹太人希望他们远在幼发拉底河的所有同胞,都加入到起义中。”[2]这些期待在那时受挫,但流散在美索不达米亚的犹太人在之后发生于图拉真时代的起义中起到了领导作用。[3] 将著作序言与亚基帕国王在敌对开始时所作的演讲对比,我们发现了同样的名字:“在之后的战争中,你们能期待得到什么样的盟友?……有人居住的整个世界都属于罗马——不过也许可以寄希望于你们那些高飞在遥远幼发拉底河的同胞,并依靠来自你们阿迪亚波纳亲戚的帮助。但他们可以凭借任何无足轻重的借口,便可避免卷入如此严重的战争,而且即便他们愚蠢到如此思忖,帕提亚人也不会容许,因为帕提亚人在小心维持着与罗马人的停战协定,而如果其任一属国起兵反对,都会被视为对协定的冒犯。”[4]阿迪亚波纳位于帕提亚人在底格里斯东部的边界区域,众所周知,在那里虔诚的王后海伦娜(Helena)及其儿子皈依犹太教,犹太人经常骄傲地回想此事。尽管亚基帕国王的宣言斩钉截铁,但实际上依然有该王室的部分成员在与犹太人并肩战斗。

我们可以从类似的文章中准确推断出这一和平或宣传动机,而对此我们的作者事实上也明确公开承认,如他在结束对罗马军队的经典描绘时评论道:“如果我能在这一话题上深思更久一些,我便不会通过如此赞美罗马人来安

---

[1] 《犹太战争》卷1,第6节。

[2] 同上,第4—5节。

[3] 蒙森:《罗马帝国行省:从恺撒到戴克里先》(《罗马史》第五卷)第2章,第221—222页。

[4] 《犹太战争》卷2,第388—389节。

029 慰那些被罗马人征服的人,并威慑其他那些可能引起战争的人。”[1]

由此可知,约瑟夫斯在罗马人围攻耶路撒冷的时间里,一直被提图斯雇佣为顾问,以通过他的苦口婆心劝降耶路撒冷。此时他再次被征服者雇佣,去通过他的一支笔来威吓他的同胞不再进一步反抗。他服务于征服者的兴趣,同时也服务于自己的国家。他并非仅为金钱而工作,他在内心深处坚信改善自己民族悲惨命运的唯一道路为向帝国屈服。[2] 对于约瑟夫斯的叙述因其偏向支持罗马而可能扭曲多少,是另外的一个问题,之后我们将继续考量。但他无疑是一位明智的顾问,历史裁决——哈德良时期灾难到达顶点——显示,至少从世俗智慧的立场来看,他是正确的。

最早的阿拉米语版著作在很久之前便已佚失,被写给西方世界的希腊语版所取代。下面,我将论及一个最近发展起来的理论,即古老的俄语版著作,也就是阿拉米语版著作可能留存下来。但另一个可能与佚失之著作相关的事情是先要被考虑的,我的意思是著作之名。这部著作在流传到我们这儿时,有着两个完全不同的书名。我们能证明这两个书名与阿拉米语版及希腊语版的两部原稿有联系吗?

这部著作一般为人所知的名字为“(Concerning) the Jewish War”(关于犹太人的战争),希腊语为Περὶ τοῦ'Ιουδαϊκοῦ πολέμου,拉丁语为 *De bello Judaico*。
030 而作者也确实在他之后的著作中涉及这一名字。[3] 我们要再一次感激敏锐的德国评论家拉克尔先生[4],他指出该名字源自罗马人的圈子:如此命名,使得该部著作在其封面便宣布自己站在罗马人的立场之上。因为'Ιουδαϊκὸς πόλεμους意为“The war against Jews”(反对犹太人的战争),而非

[1] 《犹太战争》卷3,第108节。

[2] 参见《犹太战争》卷5,第19节。

[3] 《犹太古事记》卷1,第203节,“如之前我在写作《犹太古事记》时曾经叙述过的”;卷18,第11节,“我们曾在《犹太战争》卷2论及他们(三个犹太教派别)”;卷20,第258节,“(所有我们所做和坚持的)任何人均能够通过细读我在《犹太战争》中所写之内容获悉之”。《自传》,第412节,“……对于自己在犹太战争中及耶路撒冷被围期间所做的一切,我均在自己关于犹太战争的著作中有详细叙述”。

[4] 拉克尔:《犹太历史》,第98页。

"The War of Jews"(犹太人的战争)。反抗者会称呼这场战争为罗马人的战争,或者更全面些,为犹太人反抗罗马人的战争,但绝不会使用"Jewish"(犹太人的)这个直接简单的种族形容词。恺撒(Caesar)的 *De bello Gallico*(《高卢战记》)的类型与之极为相似,再或者举一个现代的例子"the South African War"(南非战争):高卢人(Gauls)和布尔人(Boers)均不会如此描述那些斗争。我们必须假设约瑟夫斯在罗马时,使自己适应了罗马人的习惯:他的罗马顾客在订购其著作抄本时,习惯使用"Jewish War"(犹太人的战争)这一名称。但是,渴望引起东方读者注意并通过叙述最近那场争斗进而威吓他们不再进一步革命的作者,本应该通过添加听起来必然有攻击性的标题,甚至将自己的罗马名字弗拉维·约瑟夫斯与之放在一起造成双重攻击去击败自己的对手,却并没有这样做,颇令人难以置信。此外,尽管作者曾明显偏向于罗马的习惯说法"Jewish War"并仅以此名提及相关内容,但在我们所拥有的手稿中却几无显示。我们仅在尼斯就该著作主要手稿前两卷的题词中发现了该标题的修改形态,即"(a history) of the Jewish War against Romans"('Ιουδαϊκοῦ πολέμου πρός 'Ρωμαίους,一部犹太人反抗罗马人的战争史)。这里添加的词汇看似移除了短标题的可憎之处,但这样的纠正远远不够,因为形容词"Jewish",也就是"against the Jews"(反犹太人的),依然存在,而且如拉克尔先生所评论的,我们重复提及了敌对。

另一方面,尼斯余下的所有手稿,包括后几卷中的 P 部分,采用了另一个标题"concerning (the) capture"(περὶ ἁλώσεως,关于捕获),并通常会在其前或后附加"of Jewish history"('Ιουδαϊκῆς ἱστορίας,犹太人的历史)。这一标题还被其他一些作者采用,如奥利金(Origen)和哲罗姆(Jerome),其中后者将之归于作 031 者自己:"约瑟夫斯在关于犹太历史著作的卷 7,将俘虏犹太人称为 περὶ ἁλώσεως。"[1] 内部证据支持将此标题归属给作者。对最后的悲剧,作者一直在使用 ἅλωσις 一词形容,这与导致它的主要事件有关。由此,屠杀罗马守备队"对犹太人来说似乎便是被俘(或毁灭)的序幕"(προοίμιον ἁλώσεως,卷

[1] 《以赛亚书》第 64 行注释中关于弥赛亚的评论。

2,第454节),他继续写道:“我说耶路撒冷之陷落开始于亚拿纳之死应该不会错”(卷4,第318节),而且他再次大呼,“奋锐党对平民的攻击是耶路撒冷迈向被占领的第一步”(卷5,第3节)。他著作中对词汇的准技术性使用,与哲罗姆的证据,以及手稿中几乎统一一致的证据一起,使我相信这(περί ἁλώσεως)是较早的标题,而且也不是不可能为佚失之阿拉米语版幸存下来的闪米特语标题。我逐渐转向了我朋友罗伯特·艾斯勒博士(Dr. Robert Eisle)的观点,他指出较早且简单版的希腊原稿 *Halosis*,与后来更加精细的版本 *Polemos* 或“Jewish War”之间存在区别。在他看来,*Halosis* 也许出版于公元71年帝国凯旋之时。在之后的时间里,这一较早形成的著作逐渐得到修改,某些地方被削减,另一些地方则被扩充;*Jewish War*,最终成为出版于图密善统治时期的该著作最终版的标题。

现在,我必须简要提一下之前涉及的那一理论,即最早的阿拉米语版原稿幸存于俄语的外衣之下。对这一庞大且引起争议的问题,我深入得不是很多;主要是因为学者们还无法全面接触相关资料,而且我也没有机会全面研究已经出版的相关资料。不过在罗伯特·艾勒斯博士即将面世的重要著作中,我们可获得非常全面的信息。罗伯特·艾斯勒博士对相关主题的精妙调查深深影响了我。

032 公元1906年,在哈纳克著名的系列著作《文本与研究》(*Texte und Untersuchungen*)中[1],已故的布伦特斯(Berendts)博士出版了北斯拉夫语或古俄语版约瑟夫斯著作的德语精简版。这些精简版著作,包含了一些与施洗者约翰、耶稣及早期基督教相关的特别叙述。其中凡有相关涉及之处均匿名化,施洗者约翰被匿名为“savage”(未开化之人),耶稣则被匿名称呼为“wonder-worker”(奇迹创造者)。我们在现有的希腊语《犹太战争》手稿中没有找到与这些文段相似的地方,希腊语版没有提及基督教及其创建者和先驱。我们所知的公元17世纪俄语版手稿出现时间不会早于公元15世纪,而真正的译本

〔1〕《新系列》第24卷。

可以再向前追溯两个世纪,即到大约公元1250年。艾斯勒博士著作中最重要的部分,也许就是他将斯拉夫版约瑟夫斯著作追溯至一个犹太教异端。该异端在公元13世纪中叶侵入俄罗斯,甚至在一段时间里进入了沙皇的宫廷。斯拉夫版手稿所来源的版本,无疑来自君士坦丁堡(Constantinople)。布伦特斯使前述理论更进一步,他认为这些关于基督教的奇怪暗示来自真正的约瑟夫斯的著作,是在后期被废止的阿拉米语版《犹太战争》原稿的遗迹。在一个时期,几乎无人支持布伦特斯的理论,舒尔对之嘲笑奚落,其他人则批判不已。但是就这些谜一样的文章,还没有令人满意的解释,或者说在完整文献出版之前,不可能有令人满意的相关解释。布伦特斯去世之前,一直在准备斯拉夫版文献前四卷的德语版;现在,相关编辑工作由塔尔图大学的格拉斯教授(Professor Grass of Dorpat)[1]继续。该版著作后三卷译者待定,但通过慷慨大方的詹姆斯·洛布博士,艾斯勒博士能够获得该手稿的完整照片。我相信这些手稿最终会落户在我正身处其中的这个国家,并且我们很有希望在不久的将来便能获得以我们可以理解的语言写作的整部该版著作。

如布伦特斯自己的认知,我们不可能再坚持认为该著作的斯拉夫版直接源自佚失的阿拉米语版本。研究德语版译本,很快便能揭示出斯拉夫版译自希腊语,译自一份手稿,不过它不同于所有已知的希腊语手稿,它与被尼斯视为“次品”且没有采纳为自己的基础文献的特别手稿集密切相关。然而就像第一眼看到的那样,这并不是对斯拉夫语版和潜在的希腊语版样本的原创性的那么严重的反对。该著作的两种希腊语版文献均可追溯到公元3世纪,且可以想象两者也均可溯回至作者自己,他在不停地校改自己的著作。上述手稿中的“次品”著作的问题,也许可以归因为它们是保存下来的最原始的粗糙草稿,作者在后续版本中进行了改进。艾斯勒博士认为斯拉夫版文本翻译自约瑟夫斯阿拉米语版文本最早的粗糙的希腊语译本。该希腊语版文本在之后以我们现在看到的形式进行了重写。这样的结论似乎得到了一些证据的支 033

〔1〕 布伦特斯-格拉斯:《弗拉维·约瑟夫斯从犹太战争(卷1—4)到德国出版的斯拉夫译本》(*Flavins Josephus vom Judischen Kriege, Buck i-iv, nach der slavischen ubersetzung deutsch herausgegeben...*),多帕特(Dorpat),第一部分,1924—1926年;第二部分,1927年。

持。在艾斯勒博士发现的希腊语版文本中有一些直译词语,它们指向一个潜在的闪米特语版原稿。这一文本的风格较现存的希腊语版简单许多,特别是其中不断用直接引语(oratio recta)取代间接引语。这一文本非常简短。尽管长篇介绍性叙述早在“神显者安条克”(Antiochus Epiphane)时已被引入,但如我们预料的那样它没有序言——希腊历史学家对序言有所批判。文本简短、风格简单,可以部分归因于斯拉夫译者,他们明显常常无法理解作者的希腊版原稿,但是一些较长或相互联系部分的缺失,不能完全用蓄意省略解释。不过斯拉夫版文本中一些额外增加的事情,却引起了人们最多的兴趣。其对基督教的提及,我将在之后的讲座中说到。而当中还有其他一些文章,如对梦境的描绘(约瑟夫斯喜欢的一个话题)、祭司关于希律要求王位和预期之救世主(Messiah)的争论、约瑟夫斯在优塔帕塔山洞中使用的逃脱死亡的诡计等,除
034 非它们为我们这位犹太历史学家所写,否则很难对之做出解释,因为有各种压制理由不去描写这些。所以在有其他关于这些片段的解释出现之前,我应该会实验性地视斯拉夫版文本表现了最初的阿拉米语版文本和现存希腊语版文本间的一个中间阶段,而不是对阿拉米语版文本逐字逐句地再制作。

接下来,我将从已佚失但可能部分保存于古俄语版文本中的阿拉米语版文本转向现存的希腊语版文本。尽管现存的希腊语版文本被作者描绘为译自阿拉米语版文本,但实际上我们无法在其中看到出自闪米特语本的痕迹。该版文本的整体风格,是公元1世纪时流行的阿提卡希腊语(Atticistic Greek)的优秀样本。如此,要么是译者将该著作翻译得极为出色,要么是实际上对老版著作进行了重写——这点可能性极高。依据约瑟夫斯其他著作,我们可知,他对“translate”(翻译)一词的使用非常宽松。约瑟夫斯将其著作《犹太古事记》描述为是译自希伯来《圣经》[1],但我们知道实际上该著作是对《圣经》故事的主观意译,而且从老版“七十士译本”中获得了不少帮助,从中我们无法感知到其为约瑟夫斯自己或其他人逐字译成。如果优良版本是在之前有更粗糙

〔1〕《犹太古事记》卷1,第5节;卷10,第218节。

的草案，并且有合作者的帮助下完成的，如我们在斯拉夫版中发现的那样，那么《犹太战争》中使用的词汇自然还是会更加明了易解。我们知道约瑟夫斯在晚年时，即公元 93—94 年，计划创作新版《犹太战争》，其中将包括犹太民族从战后到当时的历史事件。[1] 约瑟夫斯在不停地重写自己的著作，所以我们所拥有的现存的希腊语版文本必不可能是最初的形式。

由此，我得以看到约瑟夫斯著作的领域和局限，以及关于时间的问题。相关迹象再次显示内容在增加，尤其是附加于末尾的内容。著作中最后提到的可确定时间的事件是祭献和平神庙[2]，用的是神庙那闻名于世的珍宝博物馆，其中包含一些来自耶路撒冷的主要战利品。如我们从狄奥·卡西乌斯（Dio Cassius）那里知道的[3]，这件事发生在公元 75 年，我们通常将《犹太战 035
争》的出版日期确定在公元 75—79 年间，因为韦斯巴芗在其去世的公元 79 年收到了该著作的一份抄本。但这一界定仅适用于一个版本，我们有理由认为《犹太战争》曾经很短，著作的有些部分，至少是最后一卷，为后来附加。耶路撒冷被占领的故事是一个天然的停止点，终结于著作的卷 6，卷 7 由凯旋式和战争的后果构成，包括巴勒斯坦地区最后两个堡垒马卡鲁斯（Machaerus）和马萨达（Masade）的毁灭、亚历山大里亚之匕首党（Sicarii，奋锐党人中的极端分子，多在怀中携带匕首，喜暴力、暗杀）的暴动、埃及阿尼亚（Onias）神庙的毁坏，以及最后发生在昔兰尼的起义——作者被控与之有牵连，等等。作为整体的卷 7 的风格，与之前各卷本区别很大。卷 7 中混合了大量《犹太古事记》特有的表达方式，且几乎没有作者才华横溢的助手的痕迹，在此卷，作者似乎更多地依赖自己的资源。所有这些证据指出卷 7，整体或部分，可能为之后添加。

艾斯勒博士主要凭借古俄语版文本的不同结尾，通过深入调查大量细节，

---

[1] 《犹太古事记》卷 20，第 267 节。

[2] 《犹太古事记》卷 7，第 158 节及之后。

[3] 《罗马史》卷 6，第 15 节（狄奥·卡西乌斯，古罗马政治家与历史学家。著有从公元前 8 世纪中期罗马王政时代到公元 3 世纪早期罗马帝国的历史著作。他出身于贵族家庭，后参加政治事务，曾担任执政官。他的著作仅有存残篇，风格模仿修昔底德，内容质朴翔实，为后世提供了极为重要的参考资料。——译者注）。

重建了《犹太战争》在发展为当前形式前的各个阶段。约瑟夫斯在著作序言内未完成的"内容目录"中,提到的最后一件事为凯旋式。艾斯勒博士由此推断最早的希腊语版文本至此结束,且最早出现在公元 71 年——作者努力在这一年完成著作,为的是在凯旋式这个荣耀的时机将著作抄本呈送给皇帝。一部来自莫斯科的手稿以发生在亚历山大里亚的麻烦为结尾,遗漏了阿尼亚神庙的毁坏和发生在昔兰尼的起义——这是第二阶段的标志,在公元 73 年早期。接着在公元 73 年后期,关闭阿尼亚神庙的新闻传播开来。据约瑟夫斯所说,该神庙存在了 343 年,实际不过维持不到一个世纪。艾斯勒博士巧妙地将这一添加的附录,与卷 1 开始时提到的该神庙的建立联系起来[1],不过据博
036 士所说,卷 1 一开始为前缀。现在,他阅读到了神之惩罚的意义,这要归因于挑战申命法典(Deuteronomic Law)的第二个分裂的神庙的存在,由此,他的历史也被重塑。这一睿智的理论将对战前历史刚好追溯到了"神显者安条克"时代,即战争爆发前的 250 年做出解释;但是必须承认,这一理论缺乏外部证据支持。最后,另一俄语版手稿突然停止于昔兰尼发生的麻烦的中途,遗漏了约瑟夫斯受到的控告——其被控涉入相关阴谋。俄语翻译者似乎采用了多个版本的希腊语版手稿,但艾斯勒博士从俄语版手稿的各种结尾所得出的推论,即这些俄语版手稿源自较早且较短的版本著作,似乎有点儿可疑。

下面,我将越过相关著作的起源及构造的各个阶段,转而讨论构造资料。约瑟夫斯不断地在其之后的巨著《犹太古事记》全篇各处散布关于他是权威的暗示,而在《犹太战争》中则没有发现类似情况。我们这位历史学家在其早期著作中,一贯深思熟虑地对他的原资料保持沉默,仅仅引领我们从其著作的序言中推测他信息的大部分为一手资料,这些资料以作为目击者的他自己收集的材料为基础,他独立于之前的历史学家,通过辛勤劳作,持续关注、收集、整理事实材料,独力构建叙事结构。约瑟夫斯将自己与一些博学的希腊人作比较,这些人忽略自己时代那些激动人心的活动,且限定自己详细记载过去的

[1] 《犹太战争》卷 1,第 33 节。

伟大历史学家，他接着评论道："勤勉的作者并非是仅会改造另一著作的方案和编排的人，而是能够告诉他人最近发生之事，且能独自构建自己历史框架的人。"[1]

前面已经提及的那些约瑟夫斯后续著作中的一些短评，可补充上述这些 037
稀疏提示；那些短评参考了约瑟夫斯于整个围攻期间在罗马军营所记的笔记，逃兵提供的关于城内事件、景况的信息，以及与亚基帕的长期通信。

尽管约瑟夫斯作为目击者和记录者所做的个人贡献被不断强调，但很可能除加利利战役和其他几个其表现突出的场景外，他自己的笔记和收集到的信息，相对来说是其叙述中的次要元素。相关情况显示大量的叙事元素源于罗马人的原始文件这一资源。这意味着在其他一些资源中可以找到大量与约瑟夫斯的叙述近乎一样的内容，但非常不幸的是它们多为零星片段，特别是其中塔西佗的《历史》(*Histories of Tacitus*)的第5卷，包含对战争开始时景况的阐述。这部《历史》几乎就写于约瑟夫斯的有生之年，而地点也就在罗马；但因为罗马人对犹太人极为反感，所以其作者不大可能参考约瑟夫斯的著作，但这两部著作均依赖于公共资源。那又是什么样的文件呢？

威廉·韦伯在最近一部讨论性著作[2]中坚持认为，"弗拉维的工作"是全部叙述的支柱，主题是弗拉维王朝崛起。以公元66年时罗马军团的部署概述为始(体现在约瑟夫斯借亚基帕之口所做的伟大演讲中)，包括了著作卷3和卷4的很多内容，结束于战后的凯旋式——约瑟夫斯写道："罗马城即刻开始为他们对敌战役之胜利、自己内部纷争的结束，以及他们幸福希望之光的显现而庆祝。"这一理论刚好被用来反对那些残损的参考书目，这些参考书目为约瑟夫斯整理的以前出版的相关战争著作——他的叙述极不可能以这类性质的文学著作为基础。

对相关资源，更应在更高层次寻找，即实际上是在来自罗马人观点的智慧 038

[1] 《犹太战争》卷1，第15节，φιὰπονς… ό μετὰ τοῦ καιὰ λέγειν καὶ τὸ σῶμα τῆς στορὶας κατασκευάξων ὶδιον.此处回忆了优斯图斯的攻击，优斯图斯宣称对《自传》第338节处的"ὑπὲρ τοῦ δοκεὶν 'ριλόπονος εὶναι"(勤勉研究)有功劳，尽管斯拉夫语文本在这方面很欠缺，但《犹太战争》的序言很难能被认为属于晚至公元2世纪优斯图斯的著作出现之时。

[2] 《约瑟夫斯与韦斯巴芗》，柏林，1921年。

源泉。我们的作者显示出,他对最重要文件的接触,丝毫不少于对韦斯巴芗和提图斯等罗马指挥官的"回忆录"(Commentaries)或"注评"(ὑπομνήματα)的接触。我们的作者在《犹太战争》中没有提及这些"回忆录",但它们先后三次出现在相关上下文中的一些地方,这显示出约瑟夫斯对此比较熟悉。约瑟夫斯在为回击提比里亚的优斯图斯的攻击而作的自传中,追述起此人的一些敌意,即指责约瑟夫斯和他的同胞们要对战端的开启负责,而这也在韦斯巴芗抵达时引起了其注意。约瑟夫斯补充说道:"我的主张均有依据。皇帝韦斯巴芗的回忆录中记录有相关事实,该著作进一步联系到在托勒迈斯(Ptolemais),底加波利(Decapolis)居民如何对他施压对作为罪犯的你进行惩罚。"[1]托勒迈斯是韦斯巴芗自其基地安条克出兵后最先抵达的一个地点,回忆录因此回到了战役之始。约瑟夫斯继续进一步对同一对手说道:"然而你也许会说自己精确记叙了发生在耶路撒冷的种种事件。拜托,那怎么可能?看你既没有亲身经历相关活动,又没有深入阅读恺撒(即皇帝提图斯)的回忆录——你自己的叙述与那些'回忆录'相互冲突,充分证明了这一点。"[2]换句话说,我们的作者说道:"我所拥有的优势,你丝毫全无。"在《驳阿皮翁》中,我们的作者再次说道:"尝试批判、挑战我的诚实的人,只会被视为鲁莽之人,此外别无他物。即便他们如自己所宣称的那样,阅读过帝国指挥官的回忆录,但不管怎样也都不能如我们这样,可通过在敌对军营中所处位置获得第一手的信息。"[3]在这两篇处于末尾的文章中,我们的作者将自己与其他那些人的资质进行对比,明确暗示出相关回忆录在他写作《犹太战争》之前已经出现。

039 我们的作者就与其著作相关的主要资料保持沉默,是在遵守当时的习惯传统,这在其他领域清晰可见。如凯德伯里教授在最近的著作中指出的,当时的历史学家对自己使用的材料基本从不说明来源,而对署名的材料却不加使

---

〔1〕《自传》,第342节。

〔2〕同上,第358节。

〔3〕《驳阿皮翁》卷1,第56节。

用，这是一种普遍惯例。[1] 主要资料均不说明来源，其语句并未被逐字引用，而是被意译且被转变为作者自己所用的行文风格。另一方面，对于作者没有遵循的辅助材料，则可能在一些特殊的情况下说明来源，如在权威受到挑战时——我们作者的《犹太古事记》中便有许多这样的事例。《犹太战争》中显然只出现了一份主要文件，而作者亦未将之注明。所以在掩藏这一罗马资源的信息时，约瑟夫斯不过是在和其他作者保持一致。但撇开不公，他的沉默也许还可以部分归因于虚荣。他使我们知道著作的叙事框架为他自己所有，而提及相关材料，不论能给他的权威性增加多少重量，都可能使他的名声受到贬损，也可能降低他所宣称的公正性。不管怎样，和在自己希腊语助手帮助下获得知识一样，约瑟夫斯仅在其之后的著作中提及了回忆录，这是因为优斯图斯和其他一些人对他进行了批判。

也许我们可以认为《当事人回忆录》(*Commentarii principales*)是对军事进程的日常记录，由罗马指挥官及其下辖参谋职员在行动地区完成，它基于笔记，推测以拉丁语写成。之后指挥官可能亲自对这些粗糙的材料进行文学加工，将其作为官方的战役记录，以更加文学的形式出版发行，如尤利乌斯·恺撒的《高卢战记》。但更多时候，如若要将之整理为优雅的叙述，则需要专业人员的工作。这些基本记录的最初行文被掩盖，甚至被隐藏，这和我们作者写作的最早的阿拉米语原稿一样，但其间依然偶尔会显露出拉丁语之光。由此，
我们读到罗马人勇猛的原因是“他们不断训练，连续作战，他们帝国的伟大， 040
尤其在于提图斯——无论何时，无论何地，均会出现在所有人身旁(ever and everywhere present beside all，Τίος ἀεὶ πᾶσιν πανταχοῦ παρατυγχάνων)”[2]，其中的“ever，everywhere，all”(无论何时，无论何地，所有人)这一措词搭配，便使人强烈感觉到拉丁语句子“quod semper，quod ubique，quod ab omnibus”，这与基督教信仰的定义相似，但在其中也可发现较早并行的异教徒。尤其是列举出了各个阶段的提图斯从亚历山大里亚到恺撒里亚的简明行军路线[3]，在

---

[1] 《〈路加福音〉与〈使徒行传〉的创作》，第158、159页。

[2] 《犹太战争》卷5，第310节。

[3] 《犹太战争》卷4，第658节至结束。

各种战斗中表现突出的罗马英雄的名字及偶尔对他们的描绘[1]，甚至还有一些散布于整篇叙述各处的关于巴勒斯坦地区地理信息的概述，例如对韦斯巴芗曾进行过探索的死海的描绘[2]等均可归于上述原始材料。塔西佗的叙述[3]存在一些与此惊人相似的内容，很可能源自相同的原材料。从这些材料或其他一些官方材料中，我们肯定能得到关于罗马军团于战争爆发前，即公元66年，在帝国各省的部署情况；在这里这些信息被整理进亚基帕国王的伟大演讲中[4]，而且惊人地有其他证据证实。关于犹太人敌人，如“the nation”（那个民族），不是“our nation”（我们民族）或“野蛮人”的文献，也暴露了外人之手。

对于战前时期，即占据著作卷1及卷2大部分的介绍性内容，约瑟夫斯显然再次主要依赖于一位本作未注明的作者，即大马士革的尼古拉斯（Nicolas of Damascus）。约瑟夫斯在《犹太古事记》中经常提到此人，其为希律王和皇帝奥古斯都的亲密朋友，写作过一部通史和其他几部作品，其中可能包括一部单独的希律传记，还可能是哈斯蒙尼家族不足道的起始阶段概况的权威。约瑟
041 夫斯在本作中并未如他自己显示出的那样确定了解《马加比一书》，但他在自己之后的著作《犹太古事记》中大量引用了《马加比二书》。尼古拉斯那里无疑有关于希律王及亚基老即位的详细记录，不成比例的详细，而关于希律王的详情占据了《犹太战争》卷1的三分之二，至于亚基老即位，约瑟夫斯自己在拥护他继承王位的活动中便扮演着主导性角色。

在亚基老即位到战争爆发之间有60年，约瑟夫斯可能如预期那样从国王的儿子，他的朋友亚基帕二世那里获得国王亚基帕一世在位间的信息，而对于后来发生的事件，则利用自己收集整理的材料。不过艾斯勒博士曾经尖锐指出，就那个时期而言，他主要依赖的是保存于罗马的官方文件。

除了约瑟夫斯可接触到的材料，影响他创作的另一构成要素也和某些当

---

[1] 《犹太战争》卷6，第54—55节，萨宾努斯（Sabinus）：“他的皮肤发黑，他的躯体缩水憔悴。”
[2] 《犹太战争》卷4，第476节及之后。
[3] 《历史》第5卷，第6节。
[4] 《犹太战争》卷2，第345节及之后。

时的习俗相一致。对于这一要素,必须先对其特色和可靠性进行评估、解读。我们认识到在叙事中插入由领导角色所做的演讲,是古代历史学家们的传统习惯之一。[1] 约瑟夫斯随意沉溺于此种习惯方法,所以对于他著作中的演讲,我们可以说出二三。这些演讲是容许展示修辞技巧及虚构的,但受到一些次要限制,即需要不止一位速记员。凯德伯里教授写道:“就像希腊戏剧里的合唱队,他们致力于为读者再现相关情景,并将重要人物内在的思想和感知表达出来。”严肃的修昔底德便给了我们相应的例子,他的演讲闻名世界,他曾付出努力试图逐字逐句再现真正的演讲。各位将想起他对此课题的经典暗示:“就那些做于战前或战争期间的演讲,对我及其他那些给我提供相关报告的人来说,准确记忆每一个词非常困难。所以我让演讲者讲出了符合相应时刻的感情,讲出我认为他可能会向听众表达的内容,同时,我也努力做了几乎 042
所有自己能做的,以便给出演讲的大体真实的主旨。”[2]然而之后的作者没有如此一丝不苟,他们更多在要求演讲的“个性化”。对演讲的描绘,可能直接也可能间接,其中后一种形式可能比前一种形式更接近于真正的演讲。尤利乌斯·恺撒在《高卢战记》中,几乎总是在间接演说他的演讲。[3] 而另一方面,直接演说则通常成为展示雄辩演说及表达相关历史学家观点的大众媒介。

约瑟夫斯著作中的演讲可以大致分为三个层级。其中有极小的一部分,也许比较接近于演讲者真正的演讲。产生于特殊时刻的演讲,特别是在战前或战后对军队的训词,构成了中间层级:它们与演讲者的性格一致,可能保留了原演说的要旨,因为演讲者,即韦斯巴芗或提图斯,为我们历史学家在帝国的赞助人之一。最后我们得到的是嵌入叙述之转折点的“特定的”伟大演讲,纯粹来自想象,完全为了宣传的目的。

大马士革的尼古拉斯,在罗马于奥古斯都面前所做的拥护亚基老继承犹太王位要求的演讲,是比较接近现实的一个例子。就这篇演讲而言,约瑟夫斯

---

〔1〕 就此及之后的内容,我要感谢凯德伯里教授,参见《〈路加福音〉与〈使徒行传〉的创作》,第 184 页及之后。

〔2〕《修昔底德》卷 1,第 22 节,“乔伊特”。

〔3〕 威廉·韦伯:《约瑟夫斯与韦斯巴芗》,第 219 页。

或引用了演讲者自己的报告,或可能引自他所能接触到的罗马帝国塘报——该演讲的大纲在当时以塘报的形式投递出来,由此得到保存。这次演讲以委婉表达(oratio obliqua)的形式在《犹太战争》和《犹太古事记》中出现两次,其间虽然用词有所变化,但大意相同。

韦斯巴芗和提图斯等罗马指挥官的战时演讲,将他们各自性格间的差异保存下来。韦斯巴芗,一位在长期稳定服役中逐渐衰老但经验丰富的军人,是其儿子及下属的大脑;提图斯则相对冲动一些,作为一位成熟的成年男子,他
043 是自己父亲的左膀右臂。[1] 我们多次通过以提图斯之口展现出的演讲,联想到索福克勒斯(Sophocles)的《厄勒克特拉》(*Electra* of Sophocles,ὅρα πόνου τοι χωρὶς οὐδὲν εὐτυχεῖ)中的诗行。[2] 在塔里卡埃(Tarichaeae)的城墙之前,提图斯对自己的军队讲道:“除去抓紧时间,我们还需要艰苦工作和坚决果敢——要想获得伟大的胜利,怎能不冒风险!”[3]而在耶路撒冷之前,他则说道:“如果有人认为这是一项费力的行动,那么让他自己反思一下,除了艰苦劳作,谁都不可能轻易取得伟大成就!”[4]这无疑司空见惯,但希腊人却借用了一位雅典诗人的说法。如我们从苏埃托尼乌斯(Suetonius)可知,提图斯“已经可以用拉丁语或希腊语演讲或创作诗歌”。[5] 所以这些回忆可能真的来自提图斯,可是它们更可能是历史学家或其文书的雅致恭维。除了这些罗马将军们的战时演讲,我们还有希律王对他士气消沉的军队所做的劝告——其军队前不久刚被阿拉伯人击败,紧接着又遭遇了一场地震。该演讲先后两次出现在《犹太战争》[6]和《犹太古事记》[7]中,但所用语言完全不同。在《犹太战争》中,该演讲为修昔底德式,使人想起了伯里克利对雅典人所做的演讲,当时雅典局势因为外敌入侵和瘟疫肆虐而不断恶化。[8] 前一演讲中的

---

[1] 参见《犹太战争》卷3,第4—6节的描述。
[2] 第945行。
[3] 《犹太战争》卷3,第495节。
[4] 《犹太战争》卷5,第501节。
[5] 苏埃托尼乌斯:《罗马十二帝王传》“提图斯”篇,第3节。
[6] 《犹太战争》卷1,第373—379节。
[7] 《犹太古事记》卷15,第127—146节。
[8] 修昔底德:《伯罗奔尼撒战争史》卷2,第60节及之后。

地震，和后一演讲中的瘟疫一样，均为“天罚”。《犹太古事记》中的演讲，与《犹太战争》中的演讲的唯一共同点是：两者均提及了阿拉伯人谋害犹太人大使的罪行。而两篇演讲间的矛盾，则揭示出它们完全是想象之作。

然而为最重要的伟大时刻设置的演讲，却均为煞费苦心之作。这些演讲为演说表演，屈从于服务著作的大众宣传目的。“屈服于不可战胜之世界帝国”“那是命运的判决”等，是它们的主题，还要借犹太领导人之口说出——他们必须亲自宣告自己的虚弱和所受判决的公正。类似的演讲有三次或更多，
其中有亚基帕在战前劝阻自己的同胞采取敌对行动的演讲、约瑟夫斯在被围 044
攻城市的城墙下的演讲，以及在末尾之处由最后一位声名显赫的反抗者以利亚撒（Eleazar）所做的演讲。

亚基帕的伟大演讲是一篇精彩杰作，尽管实际上并未有人如此演说，但它拥有比较特别的历史价值，可以和著作卷 3 中典型离题的关于罗马军队的内容相比较。[1] 如你将会记住的，它有对罗马帝国的调查（一个行省接一个行省进行），并给出了在编的每个军团的人数等。它也为当代评论家提出了一个问题，即探索其中提及的罗马军团的部署是属于公元 66 年（演讲据称发表于此时），还是属于看起来更可能的之后时期。艾斯勒博士从斯拉夫版文本的一些矛盾推论出，我们作者较早的草稿 *Halosis* 中相关内容的描述确实为公元 66 年的情况，其中的详情是通过亚基帕获得，其在当时作为辅助部队的领导人与韦斯巴芗的指挥部保持着联系，而后来的《犹太战争》的相关内容，带给我们的则是公元 75 年的情况。不管怎样，我们可以确定的是，一方面，相关信息以官方记录为基础，另一方面，亚基帕从未将之发表。他那附加的简短演讲，即实际的“上交你们的贡品，并恢复门廊以与安条克之罗马守备军保持联系”[2]，可能是真实的；但是我们的历史学家保存的字迹潦草之信件的作者，不大可能有能力达成如此有成效的演讲。

约瑟夫斯自己在耶路撒冷城墙前所做的劝降演讲，分为上、下两部分。[3]

---

〔1〕《犹太战争》卷 2，第 345 节及之后；卷 3，第 70 节之后。

〔2〕《犹太战争》卷 2，第 403—404 节。

〔3〕《犹太战争》卷 5，第 362—374、376—419 节。

上半部分委婉表述，主题为“神在罗马一边”，其中包含有一段精妙警句：“四方的运气均过渡到他们一边，神亦环绕着这个民族，而每个民族轮流执掌的帝国权柄，此时被搁置于意大利手中。”[1]下半部分则以直接引语叙述汲取自探究犹太人与外族关系的“犹太人未曾被授予武装”的历史课。无疑两部分
045 均写于作者位于罗马的书房，其中第一部分在得力助手的协助下以间接引语表述。

最后，我们看到的是作为主要反抗者之一的以利亚撒所做的演讲，以利亚撒守卫着最后的根据地马萨达堡垒，在战后被五马分尸。他的演讲亦分为两部分，他告诉堡垒的守卫者两败俱伤要好过投降罗马。其演讲的题目是“神宣判了我们的毁灭，但罗马人不能宣称其真正胜利”，最近犹太民族遭受的一系列灾难的实例证明确实如此，而罗马人对此无责。将这里所举的关于自我毁灭的争论，与约瑟夫斯自己的生命在犹塔帕塔危在旦夕时他对自杀罪大恶极的力证进行对比，确实非常有趣。[2] 他宣传鼓吹的技巧非常娴熟。

我将继续尝试对相关叙述的真实性进行评估。材料、动机、个性等，是构成文学著作的主要元素，决定着著作的特性及价值。对于《犹太战争》这部历史著作的可靠性，必须从这些着眼点展开评判。

约瑟夫斯并不缺乏一手资料。很少有古代或现代的战争历史学家有幸得到这样一个可以将相关事件真实图景展现出来的机会。他一开始为战士，之后成为一个身处敌营的旁观者，自己的笔记也写于现场；他亦获准接触由敌方将军，或是在他们的监督下编纂而成的官方战役记录，即韦斯巴芗和提图斯的回忆录；他还可通过犹太国王亚基帕获得相关事件的“一般人所不知的”内部信息，如他在一次持续很久的通信中所做的那样；对于发生在耶路撒冷内的事件和围攻战的恐怖详情，他则有逃兵的证言——唯有他自己处于理解他的位
046 置。他也许获得了才华横溢的文学助手的帮助，但这有些可疑。像修昔底德

[1] 《犹太战争》卷5，第367节。
[2] 《犹太战争》卷3，第362—382节。

这样的将军、历史学家，和伟大的雅典人一起分享了同时从交战双方的观点审视战役的优势。修昔底德写道："由于我遭到放逐，所以能够和双方均保持联系，即我与伯罗奔尼撒人（Peloponnesians）的联系，和与雅典人的联系一样多。"[1]约瑟夫斯则写道："战争开始之时，我自己在和罗马人战斗，之后则被迫成为了一个旁观者。"[2]

如果我们询问约瑟夫斯如何运用这些丰富的一手资料，并转而思考他的动机和个性，那么必须承认他的著作无法和《伯罗奔尼撒战争史》（*History of the Peloponnesian War*）这类高标准的著作相比。他缺乏修昔底德那样的理性、公正，再加上他关于自己对事实之热情的反复断言，在他的叙述服从于管控时，一次又一次显示出相关词语全部意义的不严谨感。

他的动机，如前所述，非常清晰。他的著作是宣传品：如他自己所说，他写作为的是用罗马帝国不可征服之思想安抚那些被征服者，并阻止他的同胞和其他人进一步反抗。[3] 他所说的"罗马人对被他们征服的人天生慷慨"[4]，无疑是在表达维吉尔诗歌中吹嘘胜利者的行文，即"宽恕向你臣服的人民，把这些高傲击败"[5]。然而在他的同胞中，他并非唯一一位持此态度的人。艾赛尼派——约瑟夫斯早年为其魅力所着迷——特别迫使新加入者"保持对所有人的忠诚，特别是当权者，因为统治者获得其地位，均是因为神的意志"[6]。另一位法利赛派信徒，在罗马向他的基督徒皈依者做了相似的一段布道："让每一个灵魂均服从于最高权利，因为世间除了上帝再无其他权威，而且相关所谓权利也均由上帝授予。"[7]甚至约翰兰·本·撒该这位通过棺材逃离被围 047
城市的坚定爱国者，一位在战后不久的困难期便开始在过去的废墟之上重建新犹太教的人，一个个性完全不同于约瑟夫斯的人，也像他一样"据说预测到

---

[1] 修昔底德：《伯罗奔尼撒战争史》卷5，第26节。
[2] 《犹太战争》卷1，第3节。
[3] 《犹太战争》卷3，第108节。
[4] 同上，第347节。
[5] 《埃涅阿斯纪》（*Aeneid*）卷6，第853行。
[6] 《犹太战争》卷2，第140节。
[7] 《罗马书》第13章，第1行。

战争爆发的灾难性，而且在耶路撒冷被围期间”曾“提出与罗马人达成和平是唯一的拯救方法”[1]。此外，还有其他拉比说了效果相同的话。公元66年，犹太人停止了给罗马的日常供奉，这一行动如约瑟夫斯所说“埋下了战争祸根”[2]；对此，那位R.哈尼纳（R. Hanina）亦发出警告：“恳请供奉政府的福利，因为若不敬畏政府，人们将活生生吞下一个接一个苦果。”而在哈德良进行迫害时，约瑟·本·吉斯玛（Jose ben Kisma）宣扬了和约瑟夫斯一样的信条，“上天将王国授予这些人（罗马人），所以尽管他们毁坏了他的宫殿，焚烧了他的神庙，屠杀了他虔诚的信徒……，却依然站在那里”[3]。所以，约瑟夫斯并非征服者唯一的木偶，他表达了自己真诚坚定的信念，而他的民族的其他领导人也同样如此。

但我更关注的，不是关于约瑟夫斯著作的利己策略和宣传动机的问题，而是其承载的真实叙事。不过也需要承认，约瑟夫斯此著作对罗马帝国的美化和对其赞助人的奉承着笔太多，以至于损害了我们这位历史学家的公正性，而且在一定时刻使得人们严重怀疑他的诚实性。这场战役是通过罗马人的眼睛看到的。如已经看到的，其亲罗马的倾向出现在“Jewish War”这一标题页，在演讲中，在对罗马军队的颂扬（和相关的经典描述一样极具启发意义）中，尤其在给英雄提图斯的颂词中都有这一页。我之前引用过关于提图斯的段落，即“无论何时，无论何地，均会出现在所有人身旁”，而且我们也曾无数次提及
048 他个人单枪匹马的勇猛。“由此”，约瑟夫斯在解释犹太人于围攻前攻击罗马军营时写道：“如果必须讲出事实，那么除去奉承之语或克制住羡慕，恺撒本人曾亲自两次在危险时刻将整个军团救出，并且使他们能够掘壕筑营免受骚扰。”[4]不过如果这一对他赞助人的连续赞扬——即赞助人个性魅力十足，不仅受到士兵们的爱戴，而且被认为是“人类的爱人”[5]——可以理解且并非完全不当，那么我们可通过稍后的一位历史学家得到一个关键事例证据，直接

---

〔1〕 莫尔：《犹太文明》卷2，第116页。

〔2〕 《犹太战争》卷2，第409节。

〔3〕 《异教书》（《塔木德》，*Abodab Zarah*）18a，莫尔也引用了之前的文段，参见《犹太文明》卷2，第114页。

〔4〕 《犹太战争》卷5，第97节。

〔5〕 “deliciae generis humani”，参见苏埃托尼乌斯：《罗马十二帝王传》“提图斯”篇，第1节。

反驳约瑟夫斯的证据,由此他叙述的真实性便会受到严重质疑。约瑟夫斯描述了一场关于神庙命运之战的会议,与会人员在表达完毕各种意见后,提图斯宣布在所有情况下神庙均会被宽恕。公元 4 世纪的一位基督教作者塞维鲁(Sulpicius Severus)也描绘了这场会议,他的描述很可能是基于塔西佗已佚失的著作,不过此间相关角色完全颠倒,提图斯对毁灭圣殿所持的是赞成态度。[1] 塞维鲁的证据因他借塔西佗之口所说的一些有关基督徒的话而无效,那些话几乎不可能为真。而已知的约瑟夫斯的偏袒,则只会使他受到怀疑,即怀疑他在报道自己的英雄时故意歪曲事实。

关于较早的战前史,约瑟夫斯通过在《犹太古事记》中重复出现的相关叙述,让我们确切核实了他的陈述,且让我们从内部洞悉了他如何处理相关资源。其间,论题的相关素材不时被重新编排,所用语言也被有意变更,而且两种论述间存在着一些非故意性的不一致。不过总的来说,我们的作者在诚实地追随着他的各个权威,其中之一的尼古拉斯提供了同时代的希律王的生动图景,这位国王的统治占据了我们作者早期著作的大部分篇章。

此外,《自传》也有一些与《犹太战争》相关内容重合的篇章。如前文所 049
述,《自传》在次要或较为重大的特性上存在着不可解释的矛盾,不能将其全部归咎于粗心大意。我们的这位作者发现,他在试图协调自己犹太爱国者之角色与作为罗马和平顾问之角色的关系时,骑虎难下。如果我们无法洞察他在加利利的早期职业生涯,而《自传》又明显不够直率,那么必须宣布这些自传性评注缺乏可信度。由于一些不一致情况,他被怀疑在处心积虑地歪曲详情,以便使自己迎合他的另一位赞助人亚基帕国王,这看起来并非不公。

约瑟夫斯关于战争的叙述是单方面的,所以为了平衡及观察另一边的图景,我们将很乐意恢复提比里斯的优斯图斯那已经佚失的著作,或者再进一步,获得约翰兰·本·撒该或其他围城期间身居城内的见证人所呈现的故事。反面人物吉斯卡拉的约翰,不可能像约瑟夫斯所描绘的那样邪恶至极,而所谓

---

[1] 《犹太战争》卷 6,第 238 节及之后;苏尔皮基乌斯:《上帝编年史》卷 2,第 30 节,“另一方面,他们和提图斯对摧毁圣殿持反对态度”。

的“强盗”或奋锐党人也会有自己的故事,以讲述他们的爱国热情。较之基督教早期殉道者的相关情况,对于在埃及避难的奋锐党分子受迫害时的坚毅,约瑟夫斯很不情愿地提供了相关证据。这些人遭受了几乎所有形式的折磨,但依然拒绝承认恺撒为他们的主人[1],而马萨达堡垒守卫者最后时刻的牺牲,也使得他们变得非常高尚。

然而在提出保留意见后,我们必须承认作者叙事的主线是可靠的。《犹太战争》具有较高文学性,可将之视作艺术作品;对于读者来说,对其越熟悉越欣赏其优点,很大程度上应归功于作者的技术娴熟的助手及其不断的修改。这部著作以配得上主题的痛苦讲述辛酸故事,并生动且戏剧化地描述了所有资源材料。其中一个典型事例非常适合用来结束此次讲座。我们可以引用许
050 多文段,如克斯提乌斯军团在通往伯和伦之路上的溃败,圣殿之被焚,最后的要塞马萨达堡垒的守卫者相互毁灭,等等,但我将选择悲剧色彩较少的那个,即作者自己对接收到犹塔帕塔陷落消息的耶路撒冷的描绘——其中不乏幽默元素:

> 当关于犹塔帕塔命运的消息抵达耶路撒冷时,起初人们普遍比较怀疑,这既是因为它意味着巨大灾难,同时也是因为没有可确认这一消息的目击者。事实上,的确没有一个能讲述相关故事的人逃出来,但由于谣言本质倾向坏消息,所以城市陷落的消息自然散布开来。不过随着事实逐渐传到各地,很快所有人便不再怀疑。但是事实却遭到虚构、渲染,于是据传约瑟夫斯自己随着城市一起倒下。这一信息使耶路撒冷陷入最为深切的悲痛中,城中每家每户都在为他们逝去的亲属哀悼,同时全民哀悼那位指挥官。虽然有人哀悼主人,有人哀悼亲人,有人哀悼朋友,还有人哀悼兄弟,但所有人都一样在为约瑟夫斯哀悼、哭泣。如此,城中对他的哀悼不停地持续了30天,而且许多哀悼者雇佣长笛手在葬礼上演奏他们的挽歌。
>
> 然而当时间揭示出事实及所有在犹塔帕塔发生的事件的真实情况

[1] 《犹太战争》卷7,第417节及之后。

> 后，当人们发现约瑟夫斯之死为谣传，且得知他活着落入罗马人之手，而且罗马指挥官对他的尊敬和优待远超一般囚犯后，人们对他依然活着所表现出的愤怒，与之前在相信他已经死亡时所表达出的感情一样强烈。一些人辱骂他是懦夫，其他人则将他视为叛徒，总之整个城市一片愤怒，接踵而至的诅咒淹没了他虔诚的头颅。[1]

约瑟夫斯同胞们的诅咒此后一直环绕在他左右。在这些诅咒声中，今晚我将逃离我们这位不幸的历史学家。

[1] 《犹太战争》卷3，第432—439节。

051

第三讲　《犹太古事记》

昨天,我讲了约瑟夫斯著作中最为著名,且在许多方面均最为优秀的著作《犹太战争》。今天,我将转而探讨他的皇皇巨著《犹太古事记》——或者我们更应该用作者自己使用的希腊语题目来称呼,即《犹太古事考》(*Jewish Archaeology*)。这两部著作在多个方面呈现出明显差别,如写作速度、产生的外部环境,而各自写作动机的差别尤其明显。《犹太战争》写于作者壮年之时,以近乎闪电般的惊人速度完成——在战后六年之内,先后出现了一个阿拉米语版本和大概两个希腊语版本。而《犹太古事记》则完成于他中年之时,为深耕近 20 年之作,消沉气息弥漫其中,而且若非他人的鼓励与刺激,几乎无法最终完成。来自帝国的赞助与支持,使《犹太战争》占尽相关优势,而《犹太古事记》则编纂于文学之敌人、弗拉维王朝最后一位皇帝图密善统治时期,此君性格与其父亲和兄长截然不同。最后,前一著作起初目的为警告犹太人及东方读者,即通过描绘罗马不可征服的权势来阻吓他们不再进一步反抗;而后一著作则计划以希腊-罗马世界的视野记录犹太民族古老且荣耀的历史,进而歌颂之。

公元 81 年,提图斯的去世和图密善的即位,无疑使得约瑟夫斯的处境由
052 安转危。拉克尔[1]从约瑟夫斯《自传》[2]的一个线索推论出"犹太控告人",即约瑟夫斯的对手,曾经一度在新皇帝面前成功将约瑟夫斯描述成叛徒。不过我们的作者一贯机智,最终成功避开这些威胁,并得以继续享受帝国的恩惠,但失去了宫廷对其文学事业的积极支持。在这个时期,他的任何类型的写

---

〔1〕《犹太历史学家弗拉维·约瑟夫斯》,第 258 页。

〔2〕《自传》,第 429 节。

作活动都会被阻止,他的写作环境遭到毁坏。苏埃托尼乌斯告诉我们,图密善的阅读对象被限定为他的严酷前辈提比略(Tiberius)的官方报告。[1] 罗马文学历史学家托伊费尔(Teuffel)写道:“图密善之前展示出的对文学的肤浅兴趣,在即位后很快便消失得一干二净……所有精神生活都受到(他)巨大压力。在他的压迫下,历史写作受难最为严重……在图密善的统治下,唯一可能没有被定为违法的风险或无需牺牲个人荣誉的做法,就是追随尤维纳尔(Juvenal)、塔西佗和普林尼(Pliny),换句话说即保持沉默。”[2]托伊费尔补充说,只有弱者和奴才冒险写作者,比如马提亚尔(Martial,古罗马诗人,生于西班牙)和约瑟夫斯。

将约瑟夫斯和马提亚尔这两位作家排在一起(尽管这样对约瑟夫斯有些不公),是因为约瑟夫斯在整部《犹太古事记》中,除在确定著作出版年份时提及图密善一次外[3],对之便再无任何涉及。另外,他这部著作的主题,可以确定并非为荣耀罗马。恰恰相反,他先前的赞助人与其剥离,他也看似最终割断了自己与罗马政治宣传的联系,并自此之后仅仅扮演犹太历史学家和民族辩护人的角色。但是在我看来,他如此中断与罗马的联系,并选择其他更加爱国的主题,并非显出其态度突变。拉克尔认为[4]作者写作《犹太古事记》是因自私利己地希望恢复与自己同胞间受损的感情这一动机,这在我看来非常有趣。我不怀疑他前一部劝人臣服于罗马的著作同样受到了真正的爱国主义的鼓励,而且我们知道其写作自己民族历史的计划并非全新——他在写作《犹 053
太战争》时便有相应设想。[5]

我们的作者失去了他的罗马老友,或者说与他们分道扬镳。如果他不在实际上与自己的亲罗马朋友国王亚基帕一拍两散,那么他所拥有的相关友谊便看似不会减少,但《犹太古事记》的一篇文章却让人获悉他为了反对尼古拉斯这位希律王的颂扬者,在此处对希律王的罪行做出了严厉的公开谴责,丝毫

---

〔1〕 苏埃托尼乌斯:《罗马十二帝王传》“图密善”篇,第 20 节,“除了提比略的报告,恺撒将其他全部销毁”。

〔2〕 《罗马文学史》(*Hist of Rom.Literature*)卷 2,第 109 页。

〔3〕 《犹太古事记》卷 20,第 267 节。

〔4〕 同上,第 260 节。

〔5〕 《犹太古事记》卷 1,第 6 节。

不考虑对国王后人感情的伤害。[1] 在失去自己的这些皇家赞助人后,约瑟夫斯试图寻找新的赞助者,并找到某位名叫以巴弗提的人赞助他,他之后的所有著作均要献给此人。以巴弗提并非一个普通的名字,但我们仅能确定约瑟夫斯的这位新朋友可能为马库斯·米提乌斯·以巴弗提(Marcus Mttius Epaphroditus),《苏达辞书》(*Suidas*,中世纪一本词典)提及的一位希腊语法学家。此人曾在亚历山大里亚受训,之后一直生活在罗马,在那里,他收集 30000 本图书建立了一座图书馆,并获得了博学的美名,尤其以是一位荷马专著家和希腊语诗人而著名。我们的作者无疑从他的图书馆及其所学中获益良多,特别是在《驳阿皮翁》中显示出了对荷马问题及希腊神话的深刻认知。这位以巴弗提亦是我们作者找到的著作出版人和宣传者。

下面,我将从《犹太古事记》写作的外部环境,转到作者的写作动机和模式上来——如其在有趣的序言中所说的那样。约瑟夫斯发现驱动历史学家写作的动机多种多样,并列举出了其中的四种:一是通过著作炫耀技巧;二是奉承主要当事人;三是作为事件亲历者想要写出目击文字;四是向公众呈现被他们忽视的重要且有用的事实的益处。约瑟夫斯受到后两个动机的影响。他亲历且熟知相关事件,推动他写作了《犹太战争》。他认为希腊-罗马世界可以
054 从他民族的历史中学到很多,而且会发现这种学习非常值得,这样的情感迫使他写作了当前的著作《犹太古事记》。约瑟夫斯在写作前一著作《犹太战争》时,便计划在该著作前添加相关历史,但由于认识到这一计划太过庞大,便决定将《犹太古事记》作为一部独立著作,推后写作。即便如此,他依然发现写作《犹太古事记》是一项艰苦的任务,唯有在赞助人和其他对之感兴趣的朋友的鼓励、刺激下方可完成。

约瑟夫斯开始这项工作,是经过了深思熟虑的。两个问题引起他严肃思考,即这种著作是否恰当,以及对这种著作的需求。一方面,他自问自己祖先是否愿意将相关知识传授给其他人,另一方面,则是希腊民众是否渴望这些信息。就这两个问题,约瑟夫斯均在关于亚历山大里亚版《圣经》原稿的口传故

[1] 《犹太古事记》卷 16,第 187 节。

事中得到满意答复。开明君主托勒密·费拉德尔弗斯(Ptolemy Philadelphus)急切渴望为他的图书馆增添犹太律法(Jewish Law)的译本,大祭司以利亚撒给予了他积极帮助——但依据民族传统,律法是民族的秘密宝藏,大祭司应该给予国王的是拒绝。他,约瑟夫斯,将效仿以利亚撒的慷慨,因为他坚信依然有许多和那位国王思想一样的知识爱好者,而且旧的希腊版本对律法有诸多限制,他亦将对悠久且光荣的相关历史进行扩展叙述。此外,这部著作将有崇高的道德目的,显示出要获得真正的幸福,唯有遵循神显露之意志及颂扬立法者的功绩——他使自己的叙述在其他相关叙述中保持纯正,避开不恰当的神话,并有关于神的最崇高的信念。

这就是我们作者最初的陈述,需要但几乎没有相关评论。在宣传对抗猜忌保守和蒙昧主义的问题上,他和亚历山大里亚人站在了一起。官方授意的对《圣经》曲解的合法性,特别是经外人之口的曲解,一直都是一个争论点。约瑟夫斯无疑了解同时代巴勒斯坦学派的约翰兰·本·撒该和阿基巴阿(R. Akiba)等人的观点,此时这些人正在雅尼亚(Jamnia)忙着整理希伯来《圣 055
经》,为律法建立防护。如约瑟夫斯自《亚里斯提亚书信》(*Letter of Aristeas*)中所了解的[1],甚至在亚历山大里亚,人们也已经意识到太过随意使用《圣经》所带来的危险。费拉德尔斯在读过律法书后对他的图书馆馆员说道:“怎么没有一个历史学家或诗人曾想到提及如此伟大的契约?”他得到的回答是赛奥彭普斯(Theopompus)和狄奥迪克底(Theodectes)曾因试图在著作中附带引用律法书而大难当头。不过对鲁莽的异教徒禁止的事,虔诚的犹太人则可合法进行:在“七十士译本”之后,狄米特里乌斯和其他一些人以更加大众化的形式继续写作相关历史,而且一位名为以西结的大胆作者,甚至冒险以希腊悲剧的形式呈现了《出埃及记》(*Exodus*)的故事。在巴勒斯坦,这样的工作受到敌视,甚至阿拉米语版《塔古姆》也依然很难付诸笔端,亚历山大里亚版此时则声名狼藉。亚历山大里亚版《圣经》宣布完成的时间,在亚历山大里亚被视为节日,但一些在巴勒斯坦的人则保持传统,很快便宣称埃及过去遭受的一次

---

[1] 《亚里斯提亚书信》,第312节及之后。

瘟疫,便是对这一不敬冒险的惩罚。[1] 然而这些反对很久以来丧失了它们曾经拥有的合法性,一代又一代读者享受着亚历山大里亚人带来的恩惠,以及更多由约瑟夫斯带来的恩惠,即他们所拥有的关于犹太历史的知识。顺便提一下,大概可以指出约瑟夫斯在正确说明最初之希腊语《圣经》仅限为律法书的同时,又很典型地置他大量引用的之后著作的译本于不顾。对于有阅读需求的大众而言,最近的战争无疑激发了他们对这类著作的需求。提图斯拱廊上
056 的雕塑[2],也有助于在罗马引起对这一无处不在的民族相关历史的好奇。宗教对这一民族的影响,已经使人觉得宗教业已进入他们中的每个家庭。[3]

约瑟夫斯明确认定,在某种意义上,希腊语《圣经》为其著作的模板。不过他也有着其他一些不知名的模板,它们受巴勒斯坦圈子的青睐更少,如哈利喀纳苏斯的狄奥尼索斯(Dionysius of Halicarnassus)的《古罗马史》。这些异教徒的模板都保存在背景资料中,无论是修昔底德还是狄奥尼索斯,虽然我们作者的主要著作很多源自他们,但相关著作中却并未对之有所提及。狄奥尼索斯来自亚洲,他和约瑟夫斯一样在过去移居到帝国首都,于公元 7 年用希腊语创作了一部罗马史;该著作仅次于李维(Livy)的著作,被命名为《罗马古事记》(*Roman Antiquities*,'Ρωμαϊὴ 'ΑρΧαιολογία),共计 20 卷。而刚好在一个世纪之后,约瑟夫斯创作的巨著亦为 20 卷本,而且他给出的书名为《犹太古事记》('Ιουδαϊκὴ 'ΑρΧαιολογία)。从名字及著作确定的卷本数可以看出,后一著作无疑有模仿前者的倾向。如果说约瑟夫斯因在自己的《犹太战争》中建议臣服于征服者而冒犯了犹太人的敏感神经,那么他在《犹太古事记》中做出了修改——他在其中展示出自己民族的历史可与骄傲的罗马人相提并论,甚至在古代史方面远远超越罗马人。狄奥尼索斯的著作被加以"古事考"(Archaeology)之名,主要原因在于所述民族的早期史和历史神话;约瑟夫斯的写作则基于希伯来《圣经》,其中没有混合"在其他著作中流行的不恰当的神

[1] 《牛津郡轶事》(*Anecdota Oxon*),即纽鲍尔(Neubauer)所编《斋戒书卷》(*Megillath Ta' anith*)的附录,闪米特语系列卷 1、卷 6 部分,牛津,1895 年。

[2] 如拉克尔之评论,参见《犹太历史》,第 259 页。

[3] 《驳阿皮翁》卷 2,第 284 节。

话”,将历史回溯到创世之时。杰罗姆将约瑟夫斯赞扬为“李维第二”(a second Livy),不过可能称呼其为“狄奥尼索斯第二”更为恰当。他没有从李维那里借用什么,关于狄奥尼索斯这位亚洲作者对其的影响,下面我将举出两个深层次的例子。

在我们作者对摩西去世的叙述中:“在他与以利亚撒和约书亚(Joshua)拥抱并持续交谈时,突然一片云彩升至他的上方,接着他便消失在一条深谷中。不过他在圣书中记述了自己的离世,因为担心人们可能冒昧说多亏他卓越的 057
美德,于是他不得不回到神的身边。”[1]这似乎可令人明确联想到狄奥尼索斯对埃涅阿斯(Aeneas)和罗穆卢斯(Romulus)这两位罗马民族奠基人的离世的描绘。他写道:“但是埃涅阿斯的身体无处可寻,所以有些人推测他转变为神”[2];另外对于罗穆卢斯,“具有神话色彩的说法是当他于军营中召开会议[3]时,晴朗的天空中下来一片黑暗将他笼罩……他消失了,他们相信他被自己的父亲阿瑞斯(Ares)带走”[4]。

我认为叙述具有奇迹或准神话特色的事件,但并不确保复述的相关内容完全属实,而是让读者思考后形成自己的意见,这种一再出现的规则,亦是源自狄奥尼索斯——我们的作者在复述其在《圣经》中发现的相关事件。狄奥尼索斯在提及罗马早期历史中之事件相互冲突的观点后,经常以在用词上稍有变化的语句为结论,如“但是让每个人(我的倾听者)去自己判断”[5]。约瑟夫斯亦以类似的语句结束其关于长寿长老的提示,“但是关于这些事情,就让每个人随心去想吧”[6];此外,他曾经在一篇关于红海的叙述中复述其在《圣经》中发现的相关描述——这一故事为亚历山大大帝历史中一相似事件所支持,对此他最后亦说道:“然而就这些事件,让每个人自己决定其如何思

---

〔1〕《犹太古事记》卷4,第326节。

〔2〕狄奥尼索斯:《古罗马史》卷1,64章第4节。

〔3〕狄奥尼索斯:《古罗马史》卷2,56章第4节。

〔4〕或“做长篇大论的演说”。

〔5〕狄奥尼索斯:《古罗马史》卷1,48章第1节(κρινέτω δέ ώς ἕκαστος τών ἀκοΐόντων βούλεται),48. 4(ἐχέτω δ' öπη τις αύτὸν πείθει);卷2,40章第3节、70章第5节;卷3,35章第5节。

〔6〕《犹太古事记》卷1,第108节。

考合适吧”[1];对西奈(Sinai)奇迹,亦为“让我的每位读者随心去想吧,然而我必须记述这些事件,因为《圣经》对它们有所记录”[2];如此等等,持续出现在各处[3]。在约瑟夫斯之后的世纪里,这一对奇迹不承担义务的态度被逐渐
058 树立为历史学家的信条。琉善在他关于《论历史的写作方法》(*How History Should Be Written*)[4]的论述中定下规则:“任何神话都需要受到拷问,可以涉及,但不能完全相信;更应该给读者们留下按其意志进行相关推测的大门,而你不应承担任何风险,不应倾向于任何一方的意见。”由此可见,此时此地约瑟夫斯是在遵循当时的惯例,然而我也不会怀疑他直接模仿了狄奥尼索斯。

我们作者的动机,已经在前述内容中清晰可见。此时他着手的任务之前没有人尝试,即以同时代异教历史学家的方法,呈现其民族的完整历史——尽管开始于亚历山大里亚,但有益于全世界。对这一鸿篇巨制我只能草草应对,因为我仅能触及其显著之处。该著作很自然地分为两部分,分界线在卷10,即流放结束之时。对该著作主要基于《圣经》记录的前一部分,我会轻轻掠过,因为我将在自己下一讲中,详述我们作者所用的《圣经》文本及对它的解读。

密切遵循《圣经》的叙事风格,对作者来说犹如法规;但他为给自己同胞辩护[5],对《摩西律法》(*Mosaic code*,即《摩西五经》)进行了重新编排、压缩和部分整理摘录,预留下了深层次的处理给以后的著作。再次,在王国历史中,他很自然地将《列王纪》和《历代志》(*Chronicles*)中的相关叙述合并处理。指责他通过忽略不名誉的事件“粉饰”历史,也许有点过于严厉。他对“金牛

[1] 《犹太古事记》卷2,第348节。
[2] 《犹太古事记》卷3,第81节。
[3] 《犹太古事记》卷3,第268、322节;卷4,第158节;卷8,第262节;卷19,第108节。较长的程式出现在卷10,第281节,卷17,第354节(有着他助手特有的啰唆);在《犹太战争》卷5第257节出现一次。
[4] 《论历史的写作方法》,第60(67)节。
[5] 《犹太古事记》卷4,第196节及之后。

渎”和破坏第一法表故事的忽略最为引人注意;但是另一方面,与《圣经》编年史家不同,他在讲述大卫之恶的故事和灾难后果时没有犹豫。

除去《圣经》,只要可能,他便引用外部权威来支持自己。如巴比伦人波 059
罗苏斯(Berosus the Babylonian)、埃及人曼涅托(Manetho the Egyptian)、腓尼基历史学家迪乌斯(Dius the Phoenician historian)、以弗所的米南达(Menander of Ephesus),以及西卜林神谕(the Sibylline oracles)、提尔档案(the Tyrian records)等,他们均为大洪水、长寿长老(the longevity of the patriarchs)、巴别塔、所罗门与希兰(Hiram)之通信、西拿基立(Sennacherib)和尼布甲尼撒(Nebuchadnezzar)这类事件和人物提供了支持证据。但是我们作者在此的相关储备有限,这一点一部分通过重复出现于《驳阿皮翁》的相关文章显现,一部分通过不止一次[1]出现的事实显现,即一长列以大马士革的尼古拉斯的名字结尾的事实;他在自己之后的著作中大量引用大马士革的尼古拉斯的通史,此人很可能亦为约瑟夫斯的主要权威依据——他所知道的一些材料仅为通过尼古拉斯获得的二手材料。

本部著作的辩护本质,不时显现于其对反犹评论家的回应中,《驳阿皮翁》对这些人进行了全面驳斥。我们的作者很乐意忽略雅各(Jacob)那些子孙(他们伴随其前往埃及)的粗俗名字,但为证明断言其民族源自埃及完全错误,他又觉得自己不能不提及这些名字。[2] 摩西关于麻风病的法律,引出了认为摩西自己为麻风病人的荒谬提议。[3] 对解释为什么摩西没有从埃及直接前往巴勒斯坦[4]的三个理由,很明显是对流行的质疑的另一种回答。

那些一再出现的对撒马利亚人(Samaritans)的讥讽攻击,造成了私人间的敌意,“那些反复无常的人在见到犹太人繁荣昌盛时,便称呼犹太人为他们的亲戚,他们宣称自己的血统袭自约瑟(Joseph),所以必然与犹太人有关系;但当他们看到犹太人形势危急时,却又宣布自己和犹太人没有任何关联,与之没

[1] 参见《犹太古事记》卷1,第94—95、107—108节;卷1,第159—160节;卷7,第101节。
[2] 《犹太古事记》卷2,第177节。
[3] 《犹太古事记》卷3,第265节。
[4] 《犹太古事记》卷2,第322—323节。

有任何友谊或种族联系,将自己撇清为常住外邦人"[1]。扫罗王的故事引起
060 了两次奇特的离题:其一,是对因掌握权力而个性转恶的一个思考;其二,称颂他为真正勇者的典型——他预测到了自己注定的厄运,但依然毫不畏缩地去战斗、去面对。[2]

在这样的联系中,我便可提及对立法者的奇怪赞颂;他因公正这一特有优点而获得的赞扬,间接关系到我们作者对自己资料的运用,并且可能令人对我们作者的思想有相当邪恶的认知。我们被告知[3]摩西"高度颂扬"了巴兰(Balaam),"记录了他的预言——尽管摩西可随意挪用它们,并因它们获得赞扬,因为无人可判定摩西是否这样做过;而且摩西还给他作证,并计划永久纪念他"。相似地,在记录叶忒罗(Jethro)给他女婿的建议(将司法权责授予他人)时,我们的作者亦颂扬了摩西的高尚大度,即摩西没有隐藏这一方法规则并非由他创作的事实,而是"坚持正直地为应得功劳者诚实作证,尽管他可因其他人的创作赢得好评并进而增加自己的名誉"[4]。在这最后一段,确实发现了与拉比传统部分相似的内容[5];两者一起展示出了同时代历史学家们的惯例,即合并、占用他们前辈的著作但不承认。并非约瑟夫斯自己一人将我们所称的"抄袭"视为轻微过错,并认为完全承认受恩惠为卓越功绩;但他给了一个相当骇人的模仿立法者公正坦率失败的例子。

转到占据了《犹太古事记》后十卷篇幅的流放后历史,我们面对的是一部拼补而成的著作,由我们作者编辑种类极为繁多的材料而成,这些材料都经过我们作者的处理。可获得的相关材料的缺失或丰富,解释了叙述中的许多不
061 平衡。非常不幸地,众所周知早期部分内容存在着断层;从刚刚自流放地返回至"神显者"安条克在位的这段时期将近四个世纪,却被作者压缩至仅两卷内

[1] 《犹太古事记》卷9,第291节;卷11,第341节;卷12,第260节。
[2] 《犹太古事记》卷6,第262、343节及之后。
[3] 《犹太古事记》卷4,第157—158节。
[4] 《犹太古事记》卷3,第73—74节。
[5] 《希弗瑞》(*Sifre, the Books of the School of Rab*),由韦尔(J. Weill)在雷纳克的法语译本《备忘录》(*loc*)中提到。

容(卷11—12);而其他各处的叙述则是详细充实地展开,整整三卷被用于叙述希律王的统治(实际上占据了四卷本的篇幅)。对于返回的故事和紧随之后的时代,我们应该欢迎一个独立的次要描述,以便检验和增补《以斯拉记》(*Ezra*)和《尼希米记》(*Nehemiah*)中的混乱解释;在此,我们的作者仅依靠包含在亚历山大里亚版《圣经》中的相关内容(依然几无历史形式),以及所谓的《以斯德拉书A》(*Esdras A*)和希腊语版《以斯帖记》(*Book of Esther*)。一些收集自亚历山大大帝传记及《阿里斯提亚书简》的资料(经过随意改述和重新制作),再加上收税人约瑟(Joseph the tax-collector)的故事,使我们得以一瞥托勒密治下巴勒斯坦的情况,这填补了马加比时代之前的鸿沟。

对从神显者安条克的时代到希律王崛起之间的历史,我们的作者拥有更加丰富的资料;而鉴定这些各种各样的资料,是我们主要的兴趣点,即辨别这些被分别使用的资料的数量、价值和范围。我们作者明确使用了三类主要材料:其一,希腊语版《马加比一书》,作者对之有大量任意改述但未说明来源;而当我们的作者无法再使用专门的犹太文件后,便转而依靠两位异教通史作家,即斯特拉波(Strabo)和大马士革的尼古拉斯——他们被不断提及。两者中的尼古拉斯是我们作者的支柱,在《犹太古事记》一开始约瑟夫斯便对其偶有运用,并继续使用直至关于亚基老统治时期的内容;斯特拉波则为辅助材料。此外,我们作者还两次提及波里比乌斯(Polybius)。[1] 在这些作者之外,再除去二次引用的材料,便无法确定我们作者还运用过其他哪些作家的材料。不过对于《犹太古事记》中与《犹太战争》部分重合的时代,我们作者似乎亦将他的这部早期著作引为资料,但使用了一些方法,以避免词句重复。

和本部著作一样,我们作者也以无价的尼古拉斯的著作,作为他早期著作 062
《犹太战争》的主要原材料;但不同之处是此时他还积累了数量相当之多的其他资料,尤其就神显者安条克统治下的反叛和哈斯蒙尼家族的崛起,发掘出了一等权威资料,即《马加比一书》。《犹太战争》中对这部亚历山大里亚著作的

〔1〕《犹太古事记》卷12,第135—136、358—359节。

轻描淡写,没有显示出什么相关知识;而即便到《犹太古事记》时,我们作者似乎也仅是持有这部著作的残缺副本。不管怎样,我们作者著作中与这部书相重合的内容,到约拿单去世时出现短暂中断[1],继续叙述故事至约拿单兄弟西蒙去世的后三章并没有引用这部著作。约瑟夫斯被认为仅熟悉《马加比一书》的早期简短版,我应该更倾向于将这一遗漏与他手稿的不完美联系起来。这本书是《圣经》亚历山大里亚版后期历史书,即自《撒母耳记》始的最后一本语料库。对此,约瑟夫斯很幸运地持有一本,而手稿最后几页遗失则是普遍现象。

所有这些调查相关材料的问题,被德国人统称为"来源批判";尽管其对历史学家来说是必须且偶尔也极具吸引力的,但其显示出几分令人反感也实属正常。不过这的确引起了一个令人们普遍更感兴趣的问题,即它们作为一个整体对我们作者著作方法的影响。就此曾有人提出了一个理论,但也引起了一些问题:对那些包含已被约瑟夫斯明确指明且与之合为一体的"匿名"材料,约瑟夫斯大量使用过它们吗?他通过对其权威进行粗心或精心复制,进而对其他人的著作提出主张了吗?或者如他在一些地方所提出的主张那样,自己就叙利亚和相关邻国的历史写作了一部单独但已经丢失的著作了吗?

德斯蒂诺(Destinon)[2]主张约瑟夫斯所知的《马加比一书》和某些其他
063 文件仅为二手文献,而且他仅经过轻微修改便挪用了一部将犹太权威和异教权威结合起来的著作的观点。这一理论基于约瑟夫斯在著作提及相关参考时所表现出的少许规则,即有时使用人称代词形式,有时使用非人格形式——"as we have shown"(如我们所展现),或"as has been shown elsewhere"(καθὼς ἐν ἄλλοις δεδηώκαμεν 或者 δεδήλωται,如其他地方所现)。这样的语句,持续不断出现在《犹太古事记》的卷 13 和卷 14 部分——即主要与叙利亚历史有关,有时则是与帕提亚历史相关的段落末尾;我们的作者在此偏离了他的主题,之后则又恢复。他在卷 14 中经常使用被动型语句,如"as

〔1〕《犹太古事记》卷 13,第 212 节;《马加比一书》卷 13,第 30 节:约瑟夫斯著作中的随后三段(第 213 节及之后),可能继续着对《马加比一书》的依赖,直到《马加比一书》卷 13 最后。

〔2〕《弗拉维·约瑟夫斯的文献》(*Die Quellen des Fl. Joesephus*),基尔(Kiel),1882 年。

has been shown”（ἐν ἄλλοις，如前所现）[1]，或者如一个例子“by others”（ὑπ' ἄλλων，通过其他）[2]，这些地方明显参考了外部权威著作。但是在卷13中，前后方式方法完全一样，我们自始至终发现的是人称化语句，如“as we have shown elsewhere”（如我们在其他地方所见）[3]。在此卷中，《马加比一书》和另一涉及叙利亚历史的材料，经修改后被拼接合并为一个整体：出自《马加比一书》的片段和一段来自不知名著作的片段拼接在一起，而前面讨论的规则（它们会使读者们联系到一些关于叙利亚人历史的深层次资源），通常发生于结合处，在此关于马加比的叙述重新开始。德斯蒂诺认为，人称语句必须依据其他地方发现的非人称式表述阅读——此处无疑参考了其他著作，而到目前为止我应该赞同他。但他进一步推断我们作者的所有准则均丝毫未变地接收自较早一位作者，此人写作了一部仅与叙利亚有关的著作；而且由于我们所述的规则仅出现在结合点，而相关内容又为叙利亚历史和犹太历史间的一种连接环节，所以他认为在叙述中出现的这两种元素的合并，已经在匿名资源中出现过——对于是否要在此也赞同他，我则犹豫不决。

我和舒尔均相信上述理论并无根据，在数个方面它都不可能成立。虽然 064
约瑟夫斯和其他历史学家一样，均不经常提及自己的原材料；但事实上在如此多的材料或知道其名或可以识别时，增加它们的数目，似为并不必要之举，这会使事情变得复杂。他自己在其他地方有将不同材料合并的情况，例如《列王纪》和《历代志》，此处他可能亦类似地将相关材料混合为一。在我看来，相关文献的本质证实约瑟夫斯直接使用了《马加比一书》。如下一讲将讲到的，约瑟夫斯使用了希腊语《圣经》中自《撒母耳记》往前的历史书，其中包含着类型奇特的文献。这一类型的文献一直摘录自“马加比系列”；所以那位匿名作者可能曾恰好一样使用了该书特别校订版的假设，便显得不大可能。此外，我们作者的主要参考资料是可证实的，而我曾经提及的规则，与他在其他地方使

[1] 《犹太古事记》卷14，第119、270节。

[2] 同上，第122节。

[3] 这一卷中所有的例子均在证实人称形式，如卷13，第36、61、108、119、186、153（古抄本，部分）、271、347、371—372节，非人称形式偶然在一些手稿中以变形形式显现。

用的规则并没有什么不同——无疑是他自己的，并非接收自他的材料。

我们将继续解读约瑟夫斯对第一人称，即“we”（我们）等的使用，这令人回想起由《使徒行传》中所谓“we passages”（我们参加争论）产生的相似问题。我怀疑约瑟夫斯是否真会这样粗心，即从其权威重复引用相关语句，且在通过借用他人著作获得荣誉上肆无忌惮——这样较路加（Luke）更甚。他之后单独就东部历史写过著作吗？我们没有相关记录。但除此之外，我们可从关于哲罗姆[1]的可疑提示中，推测出约瑟夫斯就《但以理书》的“七十周预言”（seventy weeks of Daniel）写过相关内容——就这一课题，需要对塞琉古王朝的历史有一定了解。我认为古希米德（Gutschmid）和朱诺（Drüner）[2]所提出的方向可能为真实的解释，即约瑟夫斯参考了一部初步性著作，在其与《犹太
065 古事记》相关时使用，该著作可能仅为从未出版过的关于叙利亚和帕提亚的文摘集的草稿。叙述塞琉古王朝后期的混乱历史，需要做相当多的基础准备工作；很明显，约瑟夫斯在帕提亚事物上投入了相当多的注意力。这样的著作，可能会被不在意地认为属于他自己，或其他一些作者。

下面我们将关注希律王的统治，它占据了我们作者“画布”空间非常大的一部分。这个时代表面辉煌壮丽，内部却动荡不安，充斥着各种宫廷欺诈丑闻和国内恐怖悲剧，而所有这些，均在当时档案和这位以土买国王亲密朋友的记录的基础上，得到生动翔实的叙述。此外，这一故事被约瑟夫斯讲述了两次：他在《犹太战争》中告诉了我们一个相对简短且艺术化的版本，而在《犹太古事记》中则用整整三卷篇幅为我们刻画了一幅比较丰富的全景图。这两种版本的叙述不仅是篇幅长度不同，其叙事编排以及某种程度上对主要角色的态度也不尽相同。在《犹太战争》中，外部之繁荣史，包括对公共建筑和善行的骄傲记录，与对宫廷悲剧的叙述各成一体[3]；而在《犹太古事记》中，对相关

[1] 通常在《以赛亚书》第36行注释，《犹太古事记》卷9引言，《圣哲罗姆》（多米尼克-瓦拉西）卷4，第451页；朱诺：《调查约瑟夫斯》，1896年，第78页。

[2] 朱诺：《调查约瑟夫斯》，1896年，第80页。

[3] 分裂发生在《犹太战争》卷1，第431节。

事件的叙述则按照时间顺序展开。《犹太战争》中,约瑟夫斯运用了几乎所有的希腊戏剧悲情因素和技术术语,从而深刻叙述了导致一系列谋杀的国内紧张局势。在此,我们获悉复仇女神涅墨西斯(Nemesis)开始行动(卷1,第431节),圣殿受到玷污(638 μύσος,第445节)、骚乱阴霾将其笼罩(第448节);我们亦了解了“这一整出令人厌恶之生意的舞台监督”和其中之恶棍(第530节);亦获悉整个叙利亚和所有犹太人,都在焦急等待着上演在希律的不幸子嗣被最终行刑前的“最后一幕戏剧”(第596节);亦听说了复仇之神,那些被谋杀之子嗣的魂魄在宫殿中闲逛——他们让秘密见光,或封印其他一些人之口。对于希律这位父亲,《犹太战争》从头到尾均显示出,他更应该是位命运不幸的受害者,他被侵害多过犯罪。然而类似的悲剧元素在《犹太古事记》中几乎没有,我们还会偶尔在其中看到对希律直言不讳的谴责。

大马士革的尼古拉斯的历史著作,无疑同时是《犹太战争》和《犹太古事 066
记》两部著作的主要材料,同时也是前一著作的基础性材料。尼古拉斯既是奥古斯都皇帝的亲密朋友。亦是希律的亲密朋友;他将自己的一生奉献给希律,赴汤蹈火拥护希律加冕为王,并协助希律确保其子亚基老继承王位。和希律一样,尼古拉斯的父亲亦名为安提帕特,这一情况可能顺便对培养两人间兄弟般的关系起到协助作用。除去历史著作,尼古拉斯还因写作悲剧而出名,《犹太战争》中对国内悲剧戏剧化的描述,及其与外部历史的分离,很可能要归功于他,而非约瑟夫斯或其同僚。

《犹太古事记》中对这一主题着墨多了很多,但关于此主题的两种叙述间存在一些矛盾。而此处,约瑟夫斯的助手(下一讲将提及)接手相关工作,他们明显收到了约瑟夫斯通过彻底重塑前述内容来避免重复的指令。为了这样的目的,约瑟夫斯显然掉转方向,重新回顾了原始材料,即尼古拉斯的著作,接着按时间顺序将材料重新编排,并更大范围地使用。不过约瑟夫斯亦获取了其他一些权威材料。一次,他提及一个非常不同的材料[1],即希律王自己的“回忆录”或“评注”,但相关语句形式却令我们认识到他所知道的这些相关材

〔1〕《犹太古事记》卷15,第174节。

料仅为二手资料。[1] 不过,我们还有其他一些理由怀疑存在着不同,甚至可能相互矛盾的资料,例如我们在文中发现一个似被以不同形式复制的故事。希律因一桩危险差事而离开,他留下米利玛(Mariamme,希律的第二任妻子,大祭司西蒙之女)照料他的叔叔约瑟,同时下达了若他没有返回便处死米利玛的命令[2];之后他指派米利玛留住索希穆思(Sohemus)时,再次下达了相似的命令[3];这两次守卫均将自己收到的命令泄露给了那位不幸的女士,而他
067 们也都为此付出了自己的生命。在《犹太战争》中,这两个事件被合二为一。在《犹太古事记》使用的相关资料中,除尼古拉斯外,我们通常认为其间还存在着敌视希律的材料。必须承认,就对希律个性的偶尔批评可能不是出自约瑟夫斯本人的说法[4],我还没有被完全说服;无论如何,他们都在按自己的意愿介绍着相关情况。

作为皇帝和国王的贵族朋友,尼古拉斯在希律去世之后依然活着,而且以造王者的角色,积极参与了随后在罗马奥古斯都面前发生的关于继承人问题的长久且令人痛苦的争论。那一幕[5]——其间有着使团与反使团的较量——得到了极为详细的叙述,其中包括尼古拉斯自己所做的支持他已故朋友希律及亚基老的两篇演说。尼古拉斯明显还是位记者,但之后来自他的材料——约瑟夫斯使用且从中收益很多——便突然没有了。我们历史学家的相关叙述只剩下逸闻趣事和梦,关于随后的重要时代的材料随即贫乏了。

从公元 6 年犹地亚并入罗马叙利亚行省,同时亚基老被废黜王位,到公元 66 年犹太战争爆发,间隔 60 年。约瑟夫斯亲身经历了该段时期的后半段,他于罗马皇帝卡利古拉(Caligula)登基的公元 37 年出生,由此人们可能会认为约瑟夫斯的相关叙述,很大部分是基于他自己收集整理的资料。但实际上约

---

[1] 如舒尔所指出的,即使用未完成时。

[2] 《犹太古事记》卷 15,第 65 节。

[3] 同上,第 202 节及之后。

[4] 《犹太古事记》卷 16,第 150 节及之后、第 183 节及之后、第 395 节及之后。

[5] 明显塑造了《新约》中那位“贵族”之寓言的历史基础,他前往一个遥远的国家,“去为自己接受一个王国”;而在他之后的受命大使说道:“我们不会让这个人统治我们。”出自《路加福音》卷 19,第 12 行及之后。

瑟夫斯自己资料的贡献显得非常之少，他依然依赖于前述的相关文档和《犹太战争》中的相应内容。艾斯勒博士在他即将出版的关于斯拉夫版《犹太战争》的著作中，展示出约瑟夫斯就此时代事件的记录是如何主要取决于保存在罗马的相关官方记录的。我们的历史学家，曾直接依赖于他基本随手可得的国家档案和塘报。《犹太古事记》似乎同样如此，不同之处在于《犹太古事 068
记》使用罗马著作多过罗马国家文件。

《犹太古事记》最后一卷的大部分的场景，实际上从巴勒斯坦转移到了罗马。其中的显要角色亦为一位希律家族成员，即亚基帕一世(Agrippa I)，他在巴勒斯坦和罗马间构筑起了联系。而对他从贫困、负债和禁锢中崛起，进而掌握住他祖父王冠的戏剧性故事的叙述，则含有一些早前尼古拉斯所有叙述的艺术风格和魅力。罗马人和希律家族的历史在实际上交织在一起，贯穿整个这一阶段。亚基帕多变的命运，与前后三位罗马皇帝联系在一起：提比略将他囚禁，而他钟爱的卡利古拉则将他解放并赠予他一个王国；在他的朋友卡利古拉遇刺后，他在那令人骄傲的局势扭转之日，作为犹地亚的国王，就克劳狄乌斯登基继位，扮演起了元老院和军队间的协调人，为选举罗马皇帝提供了协助。但是这一国王与皇帝间的联系(暂时密切)，进一步担当起了挂钩的作用，将罗马宫廷非常有趣但与主题完全不相干的历史呈现出来。我们在提比略就任命行省总督所采取拖延政策给出的理由(有一些荒诞)[1]，和关于他沉迷占卜上有些离题[2]；但回想起每当约瑟夫斯写作这些内容时，阴沉的皇帝图密善都在学习他前辈的权术则非常中肯。“除去提比略的回忆录和法令，他(图密善)再无任何读物”，苏埃托尼乌斯说道[3]，我们也可以想象得到他不会拒绝约瑟夫斯接触这些资料，也不会拒绝约瑟夫斯通过提及他唯一的文学著作来恭维他。但是这种离题特别全面地阐述了卡利古拉的遇刺——占据了《犹太古事记》卷19的大部分，其中描绘了阴谋如何生成、如何反复推 069
迟、确定最终的行动日、剧院的情景，以及皇帝如何在从比赛返回宫殿的黑暗

〔1〕《犹太古事记》卷18，第169—178节。
〔2〕同上，第216节。
〔3〕苏埃托尼乌斯：《罗马十二帝王传》“图密善”篇，第20节。

走廊遇刺等情景。这些内容明显取自拉丁材料，而因为蒙森，这些资料的作者通常被认为等同于克鲁维乌斯·鲁弗斯(M.Cluvius Rufus)——约瑟夫斯在自己的叙述中引用一行荷马史诗时，这位历史学家曾出现过。[1] 我们知道克鲁维乌斯曾写过尼禄的历史，但对他是否追忆过卡利古拉则不能确定。不管怎样，约瑟夫斯找到了一份生动且详细的记录，即狄奥尼索斯的《古罗马史》，这在一定程度上弥补了他材料的不足，进而通过模仿他的模式，编制了20卷著作所必须的故事——他毫不犹豫地将之完全并入自己的著作，尽管这与其主题毫无关系。贯穿这一部分始终的材料，首先出现的是可能属于克鲁维乌斯·鲁弗斯的罗马史，之后为希律家族史[2]和一些国家档案。

在其他地方，我们亦发现了占据压倒性优势的罗马元素。如此，在著名的弗拉维的证据(Testimonium Flavianum，即约瑟夫斯的证据，下一讲我将对此详述)之前，约瑟夫斯叙述了两件和彼拉多总督任期相关的事件，这些事件可能记录在关于对彼拉多的审讯的罗马塘报中；在此之后则是两条导致伊西斯(Isis)祭司受罚和所有犹太人被驱逐出罗马的罗马人的丑闻。

在其他一些非罗马资源中，出现了两条关于东方犹太人的简述：其一与巴比伦的犹太人，亚西底(Asinaeus)和亚西流(Anilaeus)兄弟两人相关——作为强盗，他们壮大了自己的力量，以至于帕提亚国王将之招入自己的军队服役；
070 另一个故事亦与帕提亚历史有关，也更加令人高兴，即阿狄亚波纳女王虔诚的海伦娜和其子以撒特斯(Izates)改信犹太教。完全源自巴勒斯坦的项目极少，我们在整部著作的结尾处得到了高级祭司名单。

约瑟夫斯在《犹太古事记》后半部分不同之处穿插的国家文件，其价值即便不如一位作者所称的那样高[3]——“古代流传到我们这里的价值最高的文档”[4]，但也较之相差无几。这些文件由元老院法令，尤利乌斯·恺撒、马

[1] 《犹太古事记》卷19，第91—92节。

[2] 也许如霍尔舍(Hölscher)所暗示的(《弗拉维·约瑟夫斯的文献》，第80页)，主要材料融入了罗马历史。

[3] 古特斯密德(舒尔引用)。

[4] 在《犹太古事记》卷13第260—264节，卷14第145—155、190—264、306—323节，卷16第162—173节，卷19第280—291节，卷20第11—14节共有35份文件被引用。

克·安东尼(Mark Antony)、奥古斯都、亚基帕、克劳狄乌斯和罗马下属各级官员的命令,与小亚细亚各种团体的法令共同组成;它们通常依据来自罗马的命令,授予并巩固犹太人某些保证他们宗教活动自由的特权。免除兵役、保护安息日传统、自由举行宗教会议、不受干扰向耶路撒冷贡献金钱、(在亚洲)“依据祖先习俗在海边修建祈祷室”、禁止从犹太会堂偷取圣书或钱物、恢复在耶路撒冷高级祭司对圣衣的掌控权等,是这些文件的主题,而它们的可靠性在现在也逐渐得到承认。约瑟夫斯并非不能整理希兰(Hiram)与所罗门的通信,或希律王和亚基帕的即兴演讲——他那样做是在与当时的惯例保持一致。如约瑟夫斯所做的那样[1],向读者提及依然可以在罗马卡匹托尔山朱庇特神庙看到的铭文(镌刻在黄铜制写字板上),完全是另外一件事。这样,若有虚构,他将被轻易驳倒。他从何处获得这些文件?有意见认为这些文件之前已被大马士革的尼古拉斯收集整理,以便为小亚细亚的犹太人辩护;或者认为由与驻 071
亚历山大里亚的大使斐洛有关的亚基帕二世收集整理——这些意见均不值得推荐。就这个问题,我确信拉克尔先生[2]是正确的,他坚持认为这些文件由约瑟夫斯自己从罗马的文档中收集整理,或者更应该说是为他而被收集整理。舒尔[3]则坚信卡匹托尔山的图书馆最多只可能保存罗马文件,且可以确定其中没有小亚细亚城市的法令;他认为相关材料收集自其他地方。我亦怀疑约瑟夫斯自己的调查是否能扩展到如此远的地域,而且如威尔里奇(Willrich)[4]的力荐,犹太地方当局也不会非常配合地将他们的文件副本交给一个被他们视为叛徒的人。不过有帝国司令部的命令又是另外一回事,无人可以违背,而且事实上这样的授权命令确实发布过。我们通过苏埃托尼乌斯[5]获悉,韦斯巴芗重建了毁于公元69年冲突中的卡匹托尔山,包括其上一同被毁

---

[1] 《犹太古事记》卷14,第188、266节(ἐναργῆ καὶ βλεπόμενα τεκμήρια παρεχόμεθα...ἐπιδεικνύντες αὐτά χαλκαίς στήλαις καί δέλτοις ἐν τῷ Καπετωλίῳ μέχρι νῦν διαμένοντα καὶ διαμενοῦντα)。

[2] 《弗拉维·约瑟夫斯》(*Flavins Josephus*),第227节及之后。

[3] 《耶稣基督时代的犹太人历史》(第三版)卷1,注释86。
埃米尔·舒尔(1844—1910),德国新教神学家,专注于耶稣基督时代犹太人的历史。——译者注

[4] 《伪造文件》(*Urkundenfälschung*),1924年,第5节。

[5] 苏埃托尼乌斯:《罗马十二帝王传》“韦斯巴芗”篇,第8节(舒尔引用)。

的图书馆;“并承担起恢复在那场冲突中被战火抹平的3000黄铜写字板——来自所有军营的文件副本均被查阅(copies from all quarters being investigated),最为优美和古老的政府文件”,他继续写道,“其中包括元老院的法令,以及关于盟友、条约、授予所有人特权和其他杂项的全民投票,几乎均为城市之基石”。各行省收到的让他们把自己官方文件副本送往罗马的命令可能并非不可改变,各地很可能最终会依据他们罗马总督的指令收集整理文件。之后,在罗马卡匹托尔山的图书馆或其他地方,这些文件会被查阅、复制,或者更甚会被翻译——并非约瑟夫斯自己,而是由他的一个同事进行——约瑟夫斯没有宣布过此人的存在。如果我的推断没有错误,我能够在这些相关内容中追
072 查出我们作者富有才干的一位助手的风格,是此人翻译了上述材料——潜藏幕后的拉丁语偶尔会现身台前。[1] 状况混乱的希腊语文献,恰好揭示出相关任务的困难。

到目前为止,我可以结束自己对我们历史学家这一鸿篇巨制简短而不充分的调查了。不过在离开之前,我也不应忽略本著作的结论段落,即著作结束语。作者自己无疑希望他的读者们浏览这一结束语,尽管其中许多人可能“略过”了之前的叙述。因为这一结束语和序言一样,个人特色非常明显,而且还有一个特别之处,即它还承担着作者的宣传目的:在此处,读者会获知一些关于我们作者即将书写的著作的信息。

如我在第一讲中所谈论的,《犹太古事记》含有两篇结束语——一长篇,一短篇,用于该著作的不同版本。结束语没有按照年代顺序编排。较长的一篇为较晚的著作版本所写,却是最先写的。它开始于“但在此,我要结束自己的《犹太古事记》,之后(他的意思是‘与此同时’)我开始叙述犹太战争”,包含了一篇简短的著作摘要,紧接着是关于他专业素质的自我宣传,并以他计划附加自己人生记录的陈述结束。这确定了著作所属的时间在公元100年之后,国王亚基帕去世之年——《自传》中有所涉及。

[1] 例如使用与格(即拉丁语中的间格)完全替代属格,参见《犹太古事记》卷14,第228节及之后。

较早的比较简短的结束语紧随其后，依然保存于后期版本的《犹太古事记》中，只是被放在了结尾位置。在其中，我们发现了关于作者下一步写作计划的提示。卷 19 第 267 节如此写道："不过此时我应该结束自己这本由 20 卷、6000 行的内容组成的《犹太古事记》了。此外如若神准许，我会再次给出关于发生在图密善皇帝统治第 13 年，亦即我人生第 56 年时的战争的概述。"
可是他忘记了一些事情，便进一步增添了附言："我亦打算书写四本书，其中 073
我将依据我们犹太人的观点，关注神和神的存在，关注律法，思索为什么在神和律法之下，一些事可以发生在我们身上，其他则被禁止。"

这篇简短的结束语中有一或两个有趣之处。我们从中获悉将整部著作分为 20 卷，是作者自己的想法，或者更确切地说是作者受他未指名之模式，即狄奥尼索斯的《古罗马史》的模式的启发，而产生的想法。对著作行数或"按行数计算之篇幅"的列举，通常会被作为独立的注解附加于手稿末尾，而此处则被包含在了正文中。通常这样列举行数，目的是确定代笔人的报酬：有数本书的末尾处通常都附加一段叙述，确定内容有数百行，并以此确定付给抄书人的报酬。[1] 而这里插入的整数行数，推测起来大概只是为了引起读者对我们作者任务的重要性的重视。[2] 此处指明的年代是公元 93—94 年，即大概在图密善统治结束的两年、亚基帕去世的七年前：如果我们作者在完成希腊语版《犹太战争》后便立即着手写作《犹太古事记》，那么这部更长的著作大约写作了 18 年。

不过这段内容的主要目的是宣传我们作者的两个后续深层计划。就我自己的知识水平，至少以我们这里所提及的形式来说，这两个计划没有一个付诸出版。我们可以从外部证据推测出《犹太战争》和《犹太古事记》一样，出版了不止一个版本，但是对上述战役的总结梗概，包括犹太民族之后的历史，均无迹可寻。

不过我们从约瑟夫斯对他的四本书的提及，以及分散在《犹太古事记》四

---

[1] 伦德·哈里斯（Rendel Harris）：《书籍行数测量法》（*Stichometr*），第 26 页。

[2] 鉴于他习惯于对自己的著作进行持续性修订和微小改动，很难将此视为防止窜改的防护措施。

处关于其计划的内容的暗示,可以推论出其他的著作已经在我们作者的头脑中略具雏形。约瑟夫斯提及两个有所不同的题目,即“对神和神之存在的关
074 注”,以及“对律法和其之许可与禁令的及为何如此”。我们无法说出他为这两个题目做了多少工作,他很可能考虑为这两个题目各著一本著作。一些严格的神学内容,被并入《驳阿皮翁》结尾处赞美犹太教的内容中,并非完全不可能。其他部分则是处理“习俗与原因”,以使用约瑟夫斯曾提到过的简短标题。[1] 约瑟夫斯的准备工作已经进行了很久,事实上他自开始《犹太古事记》时便开始着手了。由此在相关著作的序言中,约瑟夫斯写道:“然而那些渴望调查所有事情原因的人,(在《摩西律法》中)将会发现许多哲学原理的养料,不过此时我须推迟,但若神授予我时间,我会在完成当前工作后竭尽全力写作。”[2]约瑟夫斯将自己在《犹太古事记》中提及的各种主题,推入到这一未来的约定:一般说来有割礼的原因[3],祭献(很明显这构成了一个独立的部分)[4],圣饼[5],食物禁忌[6]和《摩西律法》[7]。我们也许会很遗憾我们的作者未能在有生之年完成相关著作,从这些著作中有望可以更多了解当时的巴勒斯坦,可能还可更多了解亚历山大里亚人、解经学。

至此,在没有正式结束语的情况下,我将结束自己对《犹太古事记》的审视。

---

〔1〕《犹太古事记》卷4,第198节。
〔2〕《犹太古事记》卷1,第25节。
〔3〕同上,第192节。
〔4〕《犹太古事记》卷3,第230节(ἐν το ῖς περὶ θυσιῶν)。
〔5〕同上,第143、257节。
〔6〕同上,第259节。
〔7〕《犹太古事记》卷4,第198、302节。

第四讲　约瑟夫斯与犹太教 075

——他的《圣经》文献

在前面的讲座中，我概述了约瑟夫斯的一生，并简短回顾了他的两部主要著作。接下来，我将继续尝试评估他与他所处时代之生活和思想间的关系。他生活的世界由三个社会阶层构成：其一，他的犹太同胞；其二，他致词的对象，即遍布各地的希腊语群体，包括他的罗马赞助人；其三，即刚刚自朦胧不明中兴起的基督徒。我计划在本讲及之后几讲，分别提供自己对我们的作者与犹太教、希腊文明和基督教的关系的观察。不过就这些主题中的第一个和最后一个，我讲起来很不自信。我意识到当前自己听众的素质，远高于我估计的我们作者希伯来亲戚的素质，而同时他与基督教的关系，在不止一个领域均是极具争议的题目——困难不断增加，因为最新的证据迄今为止依然无法经受住研究考证，甚至无法呈现出可为人们接受的形式。

我真正地认识到自己在试图评论约瑟夫斯这位犹太人时的鲁莽之处，即在评估他对拉比思想的熟知程度，以及他为我们了解犹太教所做的永久重要的贡献时，对这位耶路撒冷的希伯来人、祭司、祭司家族的后裔，我们所欠甚多——他因自己父亲与最早的二十四班次祭司相联系，他因自己母亲而与哈斯蒙尼王族相关，对这样的联系他非常骄傲[1]，此外，他通过自己同胞所获知 076
的自己民族的知识[2]，超过了其所有同胞——如果我们可以相信他的话。但实际上在这一骄傲的吹嘘之后，紧跟着的便是他谦虚承认自己从未成功掌握希腊语的发音读法。所以在此，我很乐意以约瑟夫斯为榜样，坦诚自己的不足之处——不仅是在希伯来语发音方面，而且在拉比知识上也是如此。

---

[1]《自传》，第1、2节；参见《犹太战争》卷1，第3节。

[2]《犹太古事记》卷20，第263节。

可是我认为必须承认,约瑟夫斯的这些高傲,导致我们期待了许多我们无法得到的东西:作者贡献给我们的知识,即关于犹太教宗教方面比较深层次的内容,甚至是犹太教的仪式、习俗和古事记相关内容,均有些令人失望。我们意识到作者的一些浅薄,虽然无疑部分要归咎于他所面对的希腊听众,但大部分还要归因于作者的个性和所受相关训练的程度。他擅长作为他民族外部史的普及人,以及如在他最新著作中那样作为民族辩护者。但他欠缺的,或最少是在这部著作中很少显示出的,是作为一位渊博的神学家和虔诚宗教信徒所应有的深层次知识和情感。他缺少巴勒斯坦拉比的博学和虔诚,也不像亚历山大里亚人斐洛那样对神秘主义全神贯注。如莫尔教授在最近所说:“推断约瑟夫斯如他所属之贵族群体的大部分成员一样,因为宗教本身而对宗教几无兴趣也许并无什么不妥,而由于宗教狂热分子给他的民族带来了灾难,他自然更加反感过多的宗教热情。”[1]然而我们不能忘记他在《驳阿皮翁》中为犹太教所做的精彩辩护,其间他确实升华至更高的层次,并展示出他对自己国家、宗教的真诚及充满激情的热情。除去这些高尚的遗产,他为我们所做的可能最为重要的贡献,也是我们要感谢他的,是他间接提供了流行于公元1世纪的《圣经》文献的信息,以及在较低程度上提供了大量各种传说或《哈加达》(*Haggadah*,关于犹太教流传之寓言、民间故事、咒术、占星术等内容的文集,亦是犹太教逾越节家宴祈祷仪式书)。我计划专注于作者的《圣经》和他的
077 《圣经》外传说,不过在我转向这些事情之前,必须就几个课题展开一些讨论,即语言和作者偶然给出的关于一些希伯来语固有名称的怪异解释。

约瑟夫斯创作《犹太战争》第一部草稿时所用的“祖辈的语言”[2],无疑是他必定完全精通的阿拉米语。他的希伯来语相关知识一样渊博吗?看起来质疑我们这位博学祭司是否精通于《圣经》中的语言并不恰当。但是在其他更有能力之人表达出的意见中,包含有认为他知识“浅薄”[3]的倾向。检验

---

[1] 莫尔:《犹太文明》卷1,第210页。

[2] 《犹太战争》卷1,第3节。

[3] 参见埃德沙姆:《基督教档案词典》卷3,425b处,引用了埃尔瓦德(Ewald)的评价“他的希伯来语薄弱”。

他是否如此的方法，便是查看他对固有名称的翻译，在此他将自己完全暴露。按照当时的标准来看，他的相关翻译大部分都非常正确，其中有些取自他的《圣经》，或希伯来《圣经》，或希腊语《圣经》。但是其他的翻译，则至少是马虎懒散，或在事实上不准确的。如莫尔教授对我们的提醒[1]，即这些"公布之名称翻译，并非是为令现代的文献学家满意，而是为启迪教诲……当时之人"是事实，所以我们一定不能对此过分强调。教授所说的是语源学，更糟糕的是，他被亚历山大里亚人斐洛引入了歧途。就希腊语的闪米特语词源，如斐洛那样，约瑟夫斯所知的要好过其所暗示的，例如他将 Pascha（逾越节）与动词"to suffer"（πάσχειν，受难）连接起来，或将"Euphrate"（幼发拉底河）与εὐφραίνειν连接起来。[2] 我们依然有权利期待这位巴勒斯坦祭司，比在后面所述例子中的他更加精确。他说 Eve（Εὕα，夏娃）signifies（σημαίνει，象征着）"mother of all"（众人之母）[3]；他的《圣经》（《创世记》第 3 章，第 20 行）告诉他亚当（Adam）称呼自己的妻子为夏娃（Hawwah，"生活"或"生命"），因为她是 mother of all，但是约瑟夫斯的叙述并非如此。无论如何，这可能更应归因于怠惰而非无知："如此这般非常有利于我的希腊语读者。"他在阐述[4] Jubilee（五十年节）时，叙述词汇 ἰάβηλος意为"freedom"（自由）。此意他摘抄自希腊语版《旧约》（LXX）中的"year of release"（ἐνιαυτὸς ἀφέσεως，获释之年），无视了传统的希伯来语词义"ram"（公羊）或"ram's horn"（公羊角）。我们还可将这一释义与他对吉尔加（Gilgal）和戈尔加拉（Galgala）的解释联系起来——"此词意为'freedom'"[5]；而此处唯一可发现之自由，为作者在正确的《圣经》解释中的松散释义，即埃及之羞耻"rolling away"（一去不返）时所采用之自由。[6] 对 Samson（参孙）的解释，"名字意为强壮"[7]，很可能来自臆测，

078

〔1〕 莫尔：《犹太文明》卷 1，第 322 页。

〔2〕 西格弗里德（Siegfried）：《亚历山大里亚的斐洛》（*Philo von Alexandria*），第 196 页。

〔3〕 《犹太古事记》卷 1，第 36 节。

〔4〕 《犹太古事记》卷 3，第 283 节。

〔5〕 或"自由的"（liberal，ἐλευθέριον），参见《犹太古事记》卷 5，第 34 节。

〔6〕 《约书亚记》（*Joshua*）第 5 章，第 9 行。

〔7〕 《约书亚记》第 3 章，第 252 行。

而与“Sun”(*Shemesh*,太阳)的联系则可以在事实上确定。文献语言学很明显不能被视为历史学家的特长。不过如前所述,这些事例一定不可被过度强调,而且关于两种闪米特语的比较知识,因为解释的松散甚至扩展到阿拉米语的形式从中得出推断结果很可能依据不足。提及 Pentecost(五旬节),即希伯来人的 atzereth,他写道:“the feast which the Hebrews call ἀσαρθά means fiftieth.”(希伯来人称为 ἀσαρθά的节日,意为“第五十”。)如果他曾说“is called Pentecost by the Greeks”(被希腊人称为五旬节),他会被纠正,但我猜想没有闪米特词语的语源能够支持这一所谓的数字观念。〔1〕 在一个令人好奇的例子中,关于 Reuben(流便)这一名字,他抛弃了希伯来文献,转而意味深长地采用了叙利亚语,且可能是比较古老的形式,他将之写为Ρουβῆλος(Syr.*Rubil*),并将之解释为“依据神之仁慈”。〔2〕 他如何从第一音节中提炼出“仁慈”之意无法确定,但此关于他叙利亚语及使用诸如 ἀσαρθά和其他阿拉米语形式的一致意见〔3〕,使人想到他精通阿拉米语多过希伯来语,而且在他没有使用希腊语《圣经》时,更加自然地求助《塔古姆》多过求助原始文本。

079 转向另一课题,在《驳阿皮翁》中关于圣经真经(canon of Scripture)的著名文章中〔4〕,我们发现了相似的对一般拉比传统的偏离,此处,他比较了自己民族的“授权的”22 部书,和其他民族的“大量不一致且相互冲突之书籍”。这篇文章中的困难臭名昭著,我务必不能在此消磨拖延。约瑟夫斯暗示相关准则早已被确定下来,然而我们知道在约瑟夫斯书写两部合乎正典之书,即《雅歌》(*Song of Songs*)和《传道书》(*Ecclesiastes*)时,引起了巴勒斯坦拉比的争论。另外,虽然他将《圣经》整理为三个部分,但却并非分为通常的律法、预

〔1〕 类似的在《犹太战争》卷 5 第 151 节,他谈及 Beth-zaith(“橄榄之家”),耶路撒冷北郊,如同“本地语言称之为贝吉塔的新建区域,在希腊语中可能被译为 New Town(新城)”;但是卷 2 第 530 节中“被称为贝吉塔的,且为新城(τὴν καὶ Καινόπολιν)的区域”,显示出他知道更多。

〔2〕 《犹太古事记》卷 1,第 304 节;参见《〈圣经〉百科全书》(*Encycl. Bibl*)卷 4,第 4091 栏。

〔3〕 如关于高级祭司法衣的文章,在《犹太古事记》卷 3 第 156 节中,他既了解希伯来语 abnet 同时亦了解阿拉米语 hemian,由“巴比伦人引入”。他用阿拉米语的 Diglath 替代希伯来语的 Hiddekel,但翻译了后者,参见《犹太古事记》卷 1,第 39 节。

〔4〕 《驳阿皮翁》卷 1,第 37 节及之后。

言和信件三部分；他的第三部分中仅包含四部书[1]，《摩西五经》之外的历史书均被他放入了第二部分，而他的《圣经》总数也不是通常的24部，而是22部。我们不能采用格拉茨（Gratz）提出的关于约瑟夫斯拒绝两部争议书籍的观点，因为我们发现了一份相同的共有22部书的列表，由基督教作家奥利金和哲罗姆给出，其中列举了一些图书，这些基督教作家与巴勒斯坦地区的传统保持着联系，且从中获得相关信息，此外，他们还将“22”这一数字与希伯来字母表的字母数联系起来。约瑟夫斯倾向的构成圣典的图书（不过他没有明确指名），无疑与上述这些作家所列举的图书相同，通过将《路得记》（*Ruth*）与《士师记》（*Judges*）合二为一，以及将《耶利米书》与《耶利米哀歌》（*Lamentations with Jeremiah*）整合为一，图书总数从24部减少为22部。当我们发现奥利金[2]给出的目录时，其中包含希伯来语标题和诸如“《士师记》《路得记》与它们［也就是与《希伯来书》（*Hebrews*）］合为一体”“《耶利米书》与《耶利米哀歌》及《使徒书信》合为一体”等叙述，这导致我们认为这一由约瑟夫斯证实的对《圣经》的奇怪分隔，不仅对约瑟夫斯自己或亚历山大里亚学派来说毫不奇怪，而且还得到了一些巴勒斯坦的相关群体的支持。

接下来我将关注约瑟夫斯的《圣经》文献——从历史学家的时间观来看， 080
此事相当重要。公元1世纪时关于《圣经》的文字证据非常之少，实际上我们仅能明确一位早先的作者在大量引用《圣经》，即斐洛，且几乎可以确定他引用的相关内容仅限于《摩西五经》。对于后期的历史书的大量使用，就仅有约瑟夫斯一人了，不过他的证据将我们所有最早的（无论何种语言）完整《圣经》手稿，即梵蒂冈的希腊语版古抄本所属时间几乎推前了三个世纪——在此时期，相关文献并非没有被修改。各种地方性文献间不断扩大的分歧，导致在犹

---

[1] 即这些“献给神的赞美诗［即《圣诗》（*Psalms*）、《雅歌》］，以及指导人们生活的戒律格言［即《箴言篇》（*Proverbs*）、《传道书》］”。

[2] 《驳阿皮翁》，尤西比乌斯《教会史》（*Hist.*），参见《传道书》第6章，第25行，第4章，第26行［为墨利托（Melito，公元180年去世，萨迪斯主教，早期基督教权威之一。——译者注）的东方研究］及哲罗姆为《撒母耳记》和《列王纪》所写的序言（显示出他知道三种计算数值——22本、24本和27本书）。鲍尔（C. J. Ball）博士曾展示《耶利米书信》并非一开始即为希腊语著作，而是意译自遗失的希伯来语文献。

太学者和基督教学者中均出现了各种修订本,以树立“希伯来真理”并检视腐坏过程为目的。此证据令我们追溯到三个地方性的希腊语《圣经》修订版本,即公元4世纪时哲罗姆的修订本、公元3世纪时奥利金的“六语对译本”(Hexapla),甚至可追溯至公元1世纪末时伟大的雅尼亚拉比学派(Rabbical school of Jamnia)的版本,由此可见其分量之重。

相关文本的性质如何?约瑟夫斯采用了哪些?它们又源于何处?其珍贵价值是什么?约瑟夫斯自己翻译了哪些部分?而他又从自己前辈们那里获益多少?这些是我们所要面对的问题的一部分,而似乎出现之相关结论也并非无足轻重和全无趣处。

我们的这位历史学家,引导我们做出了希伯来圣典为他自己所翻译的假设。“我所承担起的这项工作”,他在《犹太古事记》的序言中写道[1],“……将含有对我们古代历史完整的叙述,构成其各部分内容译自希伯来圣典”。此外,[2]他还比较明晰地叙述道:“在我著作的开始……我注明自己仅是将相关书籍从希伯来语翻译(μεταφράζειν,或是‘意释’)为希腊语,且承诺不会在复述相关故事时遗漏或添加自己的内容。”[3]

081 这些陈述和作者的其他叙述一样,并没有因其表面价值而被接受并保留下来。对约瑟夫斯使用的《圣经》的用心研究,揭示出了明确的结论,即他最少采用了两个相关文本,其一为闪米特语版,另一为希腊语版。有时他在使用其中一文本时,几乎将另一文本完全排除;有时则将两者均当作参考,且合并起来。我说到闪米特语,是因为他使用的形容词 Ἑβραϊκός,可能与《新约》中的副词 Ἑβραϊστί 有相似之处,其中也包括阿拉米语,而他也可能在某些时候回归到了原始的希伯来语,同时亦有些迹象显示他依赖《塔古姆》。至于他如何分别运用两种《圣经》,在“《旧约》首八卷”之结尾处可以画出一条清晰的分界线——或许我更应该说是在《摩西五经》的结束之处,因为紧随之后的三本经书,即《约书亚记》《士师记》和《路得记》在希腊语《圣经》中占据了很少

[1] 《犹太古事记》卷1,第5节。
[2] 《犹太古事记》卷10,第218节。
[3] 亦可参见《驳阿皮翁》卷1,第1节。

一部分。综观整部《摩西五经》,约瑟夫斯所引用的权威是闪米特语版《圣经》文本,而他几乎没有引用著名的“七十士译本”;在此,大概可以证实他提出的相关翻译出自他自己的主张。自《撒母耳记》至历史书结束,情势则颠倒过来:在此,希腊语《圣经》为他的基本文本,而闪米特语文本则变为后备补充资源。同样在此,他发现自己著作的大部分内容几乎已经准备完毕,他自己要承担的工作被限定为打磨风格及去除他认为的现存翻译中的粗俗词语。对于介于中间的三本经书,即《约书亚记》《士师记》和《路得记》,我没有发现约瑟夫斯使用希腊语文本的确切证据,而就希伯来语文本和阿拉米语文本间,我怀疑至少是《士师记》依赖于《塔古姆》。

我并不计划详述我们历史学家的希伯来《圣经》或阿拉米语《圣经》,但打算专注于对我来说更加有趣的课题,即摆在我们作者面前的希腊语文本的性质。不过我们可以首先引用两个事例,以显示《塔古姆》的显著影响。我的阐述将全部从《撒母耳记》和《列王纪》等书中得到,在此,尽管约瑟夫斯主要依靠他的希腊语《圣经》,但他亦偶尔求助于闪米特语文本。在第一本书《列王 082
纪》中[1],我们被告知悔改的亚哈王(Ahab)“禁食、睡粗麻布且轻轻地(softly)行走”。“softly”一词实质上是对אַט(安静)一词的翻译,只是这里使用了副词形式;希腊语版手稿要么将之忽略掉,要么将之译为“bent”(弯曲的)或“bowed down”(压弯的)。然而《塔古姆》有חף(赤足),通过约瑟夫斯所写的γυμνοῖς τοῖς ποσὶ διῆγεν[2],可发现其亦为他材料中的相关文本。在另一个例子中,《塔古姆》再次唯有约瑟夫斯伴随,介绍了“quietly”(安静地)这一概念,而其他所有文本则完全相反。依据这些文本所说,对于耶户(Jehu)的驾驶,由于他的猛狂,偏远的观众都不会认错[3];但是《塔古姆》的编纂者用“quietly”[4]替代了“madly”(发狂地),而约瑟夫斯沿用之——写作“for he was advancing leisurely and in good order”(而他在有序且悠闲地前进)[5]。文

---

〔1〕《列王纪上》第21章,第27行。

〔2〕《犹太古事记》卷8,第362节;卷7,第202节,他在此以完全一样的方式翻译了יחף。

〔3〕《列王纪下》第9章,第20行。

〔4〕בניח

〔5〕《犹太古事记》卷9,第117节。

本的作者几乎被认为遭遇了现代汽车驾驶人的速度，于他而言，安静的驾驶人是值得注意的现象。对闪米特语文本之依赖，有一个更深层次的事例足以说明：据约瑟夫斯所说，巫师建议扫罗王定居“在城市多尔（Dor）”，而非恩多（Endor）。[1] 在此，在最后之Nun（希伯来语之第14个字母）、Resh（希伯来语之第20个字母）和曾被读为 ציד 的 צין 之间出现了混乱。

但是如我之前所说，引起人们兴趣的主要内容，是约瑟夫斯的希腊语《圣经》。很明显，约瑟夫斯所依赖的希腊语文本，即亚历山大里亚人意译的《圣经》，全部为纯粹的希腊语原稿著作，如所谓的《以斯拉记1》（*1st Esdras*），其中包括虚构寓言、大流士之三大事件（three pages of Darius），而希腊语版的《以斯帖记》或《马加比一书》有着相似的改述，亦均引自现在依然存在的希腊语文本，而非引自已经佚失的希伯来语原稿。这在之前著作中之孤立注释所显示的
083 知识中清晰可见，如在约瑟夫斯从“七十士译本”接收大卫索然乏味地回答巨人哥利亚提出的问题时——“我是禽兽？”“不，你禽兽不如”。[2]

然而我们不仅能够自信地用一般术语说明约瑟夫斯使用了希腊语《圣经》，还能够更进一步，确定摆在约瑟夫斯面前的希腊语文本的独特类型。这一文本并非我们最古老的安瑟尔字体手稿中的某一个，如梵蒂冈抄本（Vaticanus）或亚历山大抄本（Alexanderinus）——我们现在印刷的“七十士译本”均以它们为依据，而是与仅留存在一极小群体中的一种文本相似，该文本在很晚的时期——公元10—14世纪间——用草书体（cursive script）而非安瑟尔字体著成，此外其亦因承担相关任务的那些公元18世纪的编辑，如霍姆斯（Holmes）和帕森斯（Parsons）等人物而为人所知。这一类型的文本，大概可被认为仅幸存于这些较晚且不重要的手稿中，在公元19世纪，其被认为等同于在公元14世纪于叙利亚及其邻近国家流传的独特修订版希腊语《圣经》——该版《圣经》的作者被假设为安条克的基督徒琉善（the Christian Lucian of Antioch），他在皇帝马克西姆（Maximin）统治下的公元311年或312年殉道，随之此版《圣

〔1〕《犹太古事记》卷6，第330节，《撒母耳记上》第28章，第7行。

〔2〕《犹太古事记》卷6，第186节，《列王纪上》。（《撒母耳记上》）第17章，第43行。

经》亦通常被命名为“琉善”版。而由于现在我们掌握的“七十士译本”和约瑟夫斯的《圣经》更加全面且精确，于是我们发现上述较古老的“叙利亚版”文本出现的时间要比原认定的时间早两个世纪，即可从基督徒琉善的时代追溯至我们的那位犹太历史学家的时代。

约瑟夫斯《圣经》文本这一被注意到的“琉善”特性，是关于希腊语《圣经》早期历史的相当重要之事实，为展示出它的显要性，我将大胆离题，简要回顾相关历史的各主要阶段。翻译自希伯来文本的希腊语《圣经》，其所属时代要比时间最早的希伯来《圣经》手稿晚 1000 年——这要求我们至少要因历史悠久而对其充满敬意，此外，它所有的瑕疵优于当今我们所有的《圣经》所含有的缺点，且一直在为重建古老的希伯来《圣经》提供着相关材料。此版 084
《圣经》由亚历山大里亚的学者们，在我们所处时代之前的两个半世纪内完成。《亚里斯提书信》告诉了我们关于此版《圣经》之起源的传统故事，尽管其中的一些细节可能令人难以置信，但至少在将此版《圣经》的原始内容确定为《摩西五经》和确定此版《圣经》属于托勒密时代上，《亚里斯提书信》是正确的。像后来的作者那样，约瑟夫斯没有将此著作描绘为整部《圣经》的译本，而是将这些先驱者们——即所谓的“七十士”——之著作限制于《口述托拉》，这完全正确，而且虽然他大量使用了流行于叙利亚之《圣经》校本的历史书，但他却很可能根本没有将亚历山大里亚与《摩西五经》之后的各版历史书联系起来。这些各种版本的《摩西五经》后经书，在随后的一或两个世纪里出现，其中第一个是与《口述托拉》一样为官方正式著作的《先知书》，而之后的各“著作”却不是那么权威，对它的处理如民族文学一样极为随意。在我们所属千年的开始，希腊语《圣经》在事实上已经完成，并广泛流传，甚至流传于巴勒斯坦，只不过这一古老的希腊语《圣经》，此时已经传至他人之手。两个原因，即对最初皈依基督教者特有的敌视，以及已宣称的为自己的目的而歪曲“七十士译本”，同时伴有关于一些亚历山大里亚版本中的散漫和缺陷的恰当理解，导致巴勒斯坦地区的领导者感觉到厌恶，并最终放弃该著作。然而因为流散，希腊语《圣经》依然不可缺少，而对精确性的严格要求，以及对忠于流传之希伯来《圣经》的要求，导致大量以阿基巴阿及其学派的文本为基础的新译本,于公元2世纪在小亚细亚地区出现。我们拥有这些译本的一些片段,它们分属于三位相关译者,分别是本都的亚居拉(Aquila of Pontus)、以弗所的迪奥多信(Theodotion of Ephesus),以及可能的卡帕多西亚(Cappadocia)的西玛库。在公元3世纪,最显著的相关事件便是奥利金的巨著“六语对译本”的完成。奥利金计划在亚洲译本的帮助下,使“七十士译本”与当时流传的希伯来《圣经》一致,其开始栏与其他文本相似。奥利金创制标准希腊语《圣经》文本的
085 尝试没有成功,不同地区仍在继续使用他们那相互间有竞争关系的修订版。在公元4世纪,如我们从哲罗姆的著名文章中所了解的,依然有三个这样的修订本在坚守阵地:“亚历山大里亚和埃及将赫西基奥斯(Hesychius)称赞为它们的权威;从君士坦丁堡到安条克的广大区域满意于殉道者琉善的副本;位于中间的巴勒斯坦行省,则在阅读由尤西比乌斯和旁非勒(Pamphilus)传播的基于奥利金劳动的手稿——这三个不同的文本将整个世界两两分裂开来。”[1]

现在,当代的“七十士译本”编辑,在竭力复原最古老的文本,而为这一目的,相关编辑便不能不从我们最古老的《圣经》手稿梵蒂冈本所属的时代,即公元4世纪开始向后工作。编辑的首要工作便是探查并分离哲罗姆曾提及的在公元4世纪流行的三个修订本《圣经》,即赫西基奥斯版、琉善版和尤西比乌斯版。通过古代注释,在很大程度上琉善版文本被我们确认了,对该注释的诠释以Lamed标记,我们可在一篇存在于巴黎的手稿的某些文章中发现:尤比西乌斯版亦广为人知。接下来的阶段是回到奥利金的“六语对译本《圣经》”之后,该版文本是后续混合文本出现的主要原因。该阶段存在一些重要证据,能够证明约瑟夫斯呈现在我们面前的文本——幸存下来的琉善文本——变动微小,所属时代不仅早于琉善的时代,且早于奥利金一个半世纪。

琉善的安条克版文本,在公元4世纪通行于北叙利亚和小亚细亚地区,其以一本显然于公元1世纪结束前在相同区域流传的更早版本文本为基础。约瑟夫斯并非唯一一个依赖于他人劳动,且因之大获赞扬的人,我们不得不假定

[1] 在*Paralipp.*的前言中。

存在琉善的原版。在奥利金之前,希腊语《圣经》显然存在两种主要的文本类型,即约瑟夫斯所使用的前琉善或叙利亚文本和亚历山大里亚文本。

约瑟夫斯版《圣经》文本与琉善版《圣经》,在从《撒母耳记上》到《马加比一书》的内容上基本一致。从《圣经》此部分的大多数内容看,约瑟夫斯仅使用了一种《圣经》文本,而非两种或更多,此外,假如他那个时代的书籍抄本形 086
式难以存在,且可以认定纸草卷轴曾非常之小,不会多于一或两卷的话,我应该会被诱导认为约瑟夫斯仅使用了一种在开始和结尾残缺不全的手稿。如最后的历史书,即他引用的《马加比一书》。在此,首先,如我之前所说,持续存在的"琉善"类文本妨碍了一种理论,即约瑟夫斯所知道的相关书籍仅为二手文献,是他通过一些匿名作者获得,而这些人已经将其中的大部分内容合并了,约瑟夫斯的前辈使用的文本,应该不大可能与约瑟夫斯从头至尾使用的文本一模一样。其次,此部分相关内容再次显示出他对该书后三章一无所知,亦维持了他所知道的著作为缩减版的观点。我提出他的手稿在末尾处残缺不全更恰当,此外指出手稿在起始之处损失几页也许亦很重要。在《撒母耳记上》,"琉善"元素并没有在前六章或前七章中出现。[1]

我们的历史学家在哪里获得了希腊语《圣经》?《犹太战争》中关于马加比历史的简短概述,显示出他对此并不了解,而且他在早期著作中的这一忽略,与意大利古拉丁译本(Vetus Itala)和琉善版文本关系密切的事实一起,也许可以让人认为他的希腊语《圣经》可能并非在他从巴勒斯坦所带来的那些书中[2],而是发现于罗马。然而我从不怀疑这一文献最终的起源地可能是北叙利亚。在琉善版文本之后,与我们作者文本最为接近的文本是西玛库版文本[3];西玛库的文本来自亚洲,此人一生中唯一被记录下来的事件是他

---

[1] 第一个显著的例子出现在《列王纪上》第8章第8行,ἔργα 和ἐξήγαγ(ον)分别替代 ποιήματα 和 ἀνήγαγον(《犹太古事记》卷6,第5章,第6节;卷6,第6章,第1节,第38行。他更在《列王纪上》第1章第21行(《犹太古事记》卷5,第346节,提及什一税),以及第5章第6行、第6章第1行(《犹太古事记》卷6,第3节,鼠疫中新增的希腊语)提到希腊语"附件"。

[2] 参见《自传》,第418节,βιβλίων ἱερῶν。

[3] 在西玛库版《列王纪上》的第13章第20行(ὕνιν),第15章第23行、30行(ἀπειθεῖν),(τιμῆσαι),第16章第21行(ὁπλοφόρος)我们可以看到相似之处。另见第31章,第4行;第17章,第39行(+ἀγύμναστος γάρ εἴμι)。

位于卡帕多西亚。在公元 4 世纪，琉善版文本流传于从君士坦丁堡到安
087 条克间的广大地区，即整个小亚细亚地区和北叙利亚地区，而约瑟夫斯使用的这些源文本，很可能所处范围与之相同。我们很难认定这一希腊语版本完全在叙利亚土生土长，而且相反，对于这一亚历山大里亚版《圣经》安条克修订本的真正作者是谁，以及此人早于约瑟夫斯多久，我们均不知道。

就约瑟夫斯的琉善版著作，必须列举一些相关例子。我再次从《撒母耳记》进行摘录以举例。就《撒母耳记下》第 23 章第 2 行关于利用大卫勇士们的叙述，我们在马索拉版译本阅读到“非利士人聚集在一起לַחַיָּה”，其意义完全不通。英、美校订版文本，将该词译为“into a troop”（进入一军队），如同从חַיָּה呈现为“a clan”（一个集团）。许多希腊语手稿将该词视为一个地名似乎正确，翻译为 εἰς Θηρία（לחיות）；但我们无法确认哪个地方的名字会如此奇怪，意为“野兽”。正确名称仅出现在约瑟夫斯的著作(《犹太古事记》卷 7，第 310 节)、琉善版文本及亚美尼亚（Armenian）版文本的代表性手稿中，意为“to (a place called) Jawbone”[去(一个名为)捷波朗的地方]——我们可以马上确认此地为利希（Lehi），一个因所罗门的英勇事迹而闻名的地方，让非利士人有很好理由可以记住它的名字[1]。接下来的一章，即《撒母耳记下》的第 24 章第 22 行中，关于农具的各种翻译似乎将地域特色保存了下来，这为我们提供了它们起源地的一些信息。耶布斯人亚劳拿（Araunah the Jebusite）将在打谷场工作的牛群提供给大卫作为祭品，并提供打谷工具（Heb. המֹּרִגִים）做燃料。就“打谷工具”一词，大部分希腊语手稿将之写为οἱ τρόχοι（转轮），意为有轧辊的打谷四轮马车，“在巴勒斯坦地区没有使用……叙利亚地区也很少使用(北部地区除外)，但……在埃及为常用工具”[2]。很明显，我们这里所有的，是亚历山大里亚版文本的翻译。琉善版文本非常频繁地将两词合二为一，如“the boards and ploughs”（τάξύλα καὶ τὰ ἄροτρα，拖板与耕犁），但约瑟夫斯

[1] 《士师记》第 15 章，第 9 行及之后。
[2] 德里弗（Driver）：《〈约珥书〉与〈阿摩斯书〉》(*Joel and Amos*)，第 232—233 页（剑桥圣经，1915）；《〈圣经〉百科全书》卷 1，第 82—83 页。

的著作中(《犹太古事记》卷 7,第 331 节)仅有“boards”。在叙利亚和巴勒斯坦,“ploughs”一词无疑意为打谷板或耪[1];而“boards”一词很可能显示出了受阿拉伯语的影响,作为来自阿拉伯语的外来词的 מוֹרָג,含有“ploughshare”(犁铧头)之意。[2] 在此部分,约瑟夫斯的《圣经》文本在一定程度上与琉善版文本一致,而且其很明显并非来自埃及,广义上可能传自叙利亚或阿拉伯。 088

另一与约瑟夫斯版文本和琉善版文本近似的奇特例子,出现在马索拉译本《撒母耳记上》的第 23 章第 25 行,在此处,我们阅读到大卫为躲避扫罗而“进入巴兰(Ma‘on)荒野”。在这样的上下文背景中,将相关地域表述为巴兰是正确的。但是无论是在约瑟夫斯的文本,还是在琉善版文本中,一个最初为外来词的 *shin*(希伯来语第 12 个字母)已将专有名称转化为 *Shim‘on*。然而在一个方面,两种文本有所不同:约瑟夫斯(在《犹太古事记》卷 6,第 280 节)将相关闪米特名称不做改变地保留下来,即“in the Wilderness of Simon”(在西蒙荒原);琉善版文本则依靠 ἐπήκοος,将之翻译为“into the listening wilderness”(进入听力的荒原),实际上这与约瑟夫斯在其他地方的做法相似。[3] 如梅茨(Mez)提出的意见[4],约瑟夫斯的标本可能并非闪米特文本,而是早期形态的琉善版文本,其中 *Shim‘on* 被留下未翻译。上述之外来字母,推测起来大概是关系代词的简写,作为属格的标识使用,如《塔古姆》此篇章中的 ד。

---

〔1〕 德里弗:《〈约珥书〉与〈阿摩斯书〉》,第 232—233 页(剑桥圣经,1915);《〈圣经〉百科全书》卷 1,第 82—83 页。

〔2〕 《希伯来语词典》(*Hebrew Lexicon*),布朗-弗里德-布里格斯版(Brown-Driver-Briggs)。

〔3〕 参见《犹太古事记》卷 1,第 304 节“名为 Σεμεών 的人以为神在聆听(ἐπήκοον γεγονέναι)她”。拉尔夫(Rahlf)在《七十士译本研究》(*Septuaginta-Studien*)第 3 册第 87 页提出“ἐπήκόῳ ist = משן, denn ἐπακούειν gibt öfter ענה als שעש wieder”,因此极为不可能。

〔4〕 《约瑟夫斯的圣经》(*Die Bible des Josephus*),巴赛尔(Basel),1895 年,第 29—30 页。另一个与约瑟丰式文本和叙利亚文本相似的例子,两者均极度依赖《塔古姆》,由梅茨注解,第 32 行。在《撒母耳记上》第 28 章第 1 行为马索拉译本的 לצבא“为战争”,《犹太古事记》卷 6 第 325 节有 εἰς'Ρεγ(γ)άν,明显是 εἰς Φάραγγα(ν)“进入山谷”的变体,后者实际上出现在别西大译本(Peshitto, לנחלא)。这样的混乱,如梅茨所指出的,仅在通过阿拉米语《塔古姆》这一媒介时才可被理解,其中 חילא 既有 הצבא(战争)之意,又有 גיא(山谷)的意思。

我们也许还应提及最后的一个细小巧合。约瑟夫斯与琉善一样,将大卫之死放在了相关卷本的最后。这固然是自然而然的安排,但是无论是马索拉译本,还是大量的希腊语《圣经》文本,均未采用这一做法——大卫的去世被
089 附在其继任者的统治之后,这些内容被放在一起置于《列王纪》的第一卷。我相信这一奇特的安排,应被归因于使《撒母耳记》与《列王纪》的卷本篇幅更加平衡的尝试,而琉善和约瑟夫斯的文本中对书籍更为自然的分册,同样也比较古老。[1]

关于我们作者历史书的文本,今天就到此为止。除了《耶利米书》中的叙事章节,对于预言书,我们作者自然几乎不用,若我们如约瑟夫斯要做的那样,将预言书归于目录下,那么我们还须除去《但以理书》。他似乎曾经使用过一种希腊语版《但以理书》,该版本结合了两种知名版本的相关特性。而在《耶利米书》[2],以及在极少提及的《先知书》(*Nebiim*)中,我没有发现我们作者熟知希腊语版文本的确切证据。我们还有对耶路撒冷将受灾难之预言的奇特提及[3],其中包括耶路撒冷被罗马人占领,这归因于但以理和以西结——据说后者写了两本关于上述主题的书。但是相关文本比较可疑,且最后的相关分句可能在最开始涉及了《耶利米书》的两卷内容,即《预言》和《哀歌》。对《以赛亚书》中的预言唯一可以确定的提及,引用自二手文献,即关于在埃及的土地上建立一座神坛的预言[4]——大祭司阿尼亚在列安托帕利斯(Leontopolis)建立分裂派别神庙仰仗于此[5]。对约拿故事的讲述,存在一定程度的

---

〔1〕 我可以参考我在施韦希(Schweich)的讲座,《七十士译本与犹太教崇拜》,第 19 页。

〔2〕 在《犹太古事记》卷 10 第 175 节(εἴς τινα τόπον Μάνδρα λεγόμενον),约瑟夫斯保留下了一个比马索拉译本更好的《耶利米书》文本,第 41 章(48 章),第 17 行,该版文本是"金罕寓(Chimham)向往的"。Μάνδρα(即 גדרות,《旧约·西番雅书》卷 2,第 6 行)是"笼罩"或"围绕",而其位置"伯利恒附近"(by Bethlehem)则引人联想,鉴于《新约》中之牧羊人的故事(《路加福音》第 2 章,第 8 行)。阿奎拉(ἐν τοῖς φραγμοῖς)拥有同样的文本。

〔3〕 《犹太古事记》卷 10,第 79 节。

〔4〕 《以赛亚书》卷 19,第 19 节。

〔5〕 《犹太战争》卷 7,第 432 节;《犹太古事记》卷 13,第 64 节。一般暗指以赛亚留下的"书籍"和《犹太古事记》卷 10 第 35 节中的 *δωδεκαπρόφητον*。

辩解性质,如“如我发现它被记录”[1];此外,我们还获得了那鸿(Nahom)对那尼尼微(Nineveh)要陷落的预言的意译,这是唯一预言性文章段落展示出可能依赖于希腊语文本的[2]。

除律法书和预言书之外(对后一术语的使用在此比较宽泛,为的是包 090
含历史书),我应该要倾向于单独为某些“存储于神庙的文章”分出一些篇章——约瑟夫斯曾三次清晰地提及它们,在其他地方,他对此可能有所涉及但含糊许多。这些文章段落,除一个存在问题的特例外,均与《圣经》中的抒情部分相关,我大胆认为它们所涉及的是一本单独的圣歌集,而非神圣的律法书和先知书,它们主要来源于《圣经》,以供神庙的歌者们使用。其中第一篇,即存在疑问的那一例子,这样写道:“存储在神庙的一篇文章,显示出神向摩西预言水将从岩石中涌出。”[3]我认为这里所提及的,是献给《约民记》中关于水井的一首短歌[4],随着之前给摩西承诺之礼物,即关于水的奇迹:“从这里到比珥(Beer)——那就是神告诉摩西的水井,把族人聚集在一起,之后我将给他们以水。”之后出现的,是曾可能包含在古老的《亚沙尔之书》(*Book of Jashar*)中的诗歌,它又相当矛盾地提及水产自人类的努力,“当时以色列人唱歌说,井啊,涌上水来”,如此等等。如果我的意见没有全部错误的话,那么神庙的赞美诗集除了诗歌,一定包括作为开场白的预言。我们又一次获悉了摩西的诗歌[5],即[6]“他为他们朗读了一首六步格的诗,并亦将该诗置于存储在神庙的书中[7],其中含有关于即将到来之事的预言”;而关于《约书亚记》[8],亦有“存储在神庙中的文章段落,证实那天的时长在之后有所增加且超过了它通常的长度”。在此,我们有提及约书亚对太阳的咒语,在现存的文本中

[1]《犹太古事记》卷9,第208节及之后。

[2]同上,第239—241节。

[3]《犹太古事记》卷3,第38节。

[4]《民数记》第21章,第16节及之后。

[5]《申命记》第32章;第31章,第19行及之后。

[6]《犹太古事记》卷4,第303节。

[7] ὲν βίβλω ὲν τῶ ίερώ:韦尔(法语译本由赖纳赫编辑)错误地翻译了“dans le livre saint”。

[8]《犹太古事记》卷5,第61节(《约书亚记》第20章,第12—13行)。

对此的叙述非常全面,而且如我们在那里被告知的那样,它存在于被称为《亚沙尔之书》的民族诗歌集中。对于这三段内容,我应当倾向于补充其
091 他一些相关的挽歌,其中之一现存,另一已经佚失,尽管保存它们的神庙名字不为人知,但它们在那里一直被保存到我们作者所处的时代。此外,我们可以补充亦包含于《亚沙尔之书》中的相关内容[1],即"(大卫)亦为扫罗和约拿单写下了哀歌和葬礼悼词,它们一直流传到我所处的时代"[2];而在其他相关地方[3],我们阅读到"先知耶利米为约西亚(Josiah)创作了一首葬礼挽诗,它一直流传到现在"。我们在《历代志》中,可以得到与上述最后一例相似的内容[4];但是,我认为更应将该例子与其他一些段落归为一类。最后,《摩西在红海之歌》[5]被"以六步格的韵律"的形式创作[6]的叙述将其与摩西在《申命记》中的其他诗歌联系起来,并建议为神庙唱诗班做合理的改编。

约瑟夫斯不止一次宣称对于《圣经》中的相关叙事,他没有增添任何内容,或他自己的任何内容。[7] 我们无须对他的意思过于严密地细查,或询问作为法利赛人的他是否将已被自己吸收的储藏丰富的传统习俗,视为《圣经》不可缺少的部分。总之不管怎样,为吸引希腊语读者,约瑟夫斯使用了大量具有传奇性的事件,使相关记录多样化——这对我们来说亦相当具有吸引力。约瑟夫斯从四面八方采集文献:亚历山大里亚,甚至《西比路巫语》(*Sibylline Oracles*)亦贡献出了它的力量。然而直到一个世纪或更久之后拉比著作中一大部分被发现相似或部分相似的内容才被编辑,这些和那些没有相似内容可追溯的传统一起被视为非常有价值的公元1世纪的文集《米德拉什》。但是这可能又涉及一个大题目,这个大题目已被拉比学者完全解决了,但我不知道

---

[1] 《犹太古事记》卷7,第6节。
[2] 《撒母耳记下》第1章,第18行。
[3] 《犹太古事记》卷10,第78节。
[4] 《历代志下》第35章,第25行。
[5] 《出埃及记》第15章。
[6] 《犹太古事记》卷2,第346节。
[7] 《犹太古事记》卷1,第17节;卷10,第218节(μήτε προστιθεὶς τοῖς πράγμασιν αὐτὸς ἰδία)。

他们是否用尽了全力。[1]

我认为,就对应被描述为《哈加达》(*Haggadah*)的相关内容的说明,我们 092
可以举出一些例子,一些约瑟夫斯与《禧年书》保持一致的例子,《禧年书》是关于上述类别内容的最早著作之一,其所属时间可以追溯到我们所述时代一个世纪之前。与《禧年书》一样,约瑟夫斯告诉我们:在天堂中,野兽以人类的语言讲话[2];亚当和夏娃有一些女儿[3];上古之人建造的碑柱上的铭文,确保了他们的发现得到保存[4];摩西养母,即那位法老之女的名字是瑟穆西斯(Thermuthis)[5]。

对相关人物或日期的确认,以及其他一些从比较《圣经》文段演绎出的相关推论,属于典型的拉比风格。如,设计巴别通天塔(Tower of Babel)的是城市建造者宁禄(Nimrod)[6];一位匿名先知宣布耶罗波安(Jeroboam)被命名为'Ιάδων[7];另一位预言亚哈(Ahad)将因宽恕便哈达(Benhadad)而离开人世的先知为米该雅(Micaiah)[8];在一次冒险中拉起一张弓,并杀死自己的人是''Αμανος[9],很可能意指乃缦(Naaman);那位恳求以利沙(Elisha)将自己从自己债权人手中挽救出来的女性,是先知俄巴底亚(Obadiah)的遗孀——她为支持隐藏起来的先知们,求助于放债人[10]。此外,依据约瑟夫斯所述[11],摩西离世的时间为阿达尔月的第 1 天,而依据拉比口传说法则是在该月的第 7

---

〔1〕 例如埃德沙姆关于约瑟夫斯的文章,在《基督教档案词典》,以及布洛赫(Bloch)的《弗拉维·约瑟夫斯的文献》,第 22—53 页。

〔2〕《犹太古事记》卷 1,第 41 节:《禧年书》第 3 章,第 28 节。

〔3〕《犹太古事记》卷 1,第 52 节:《禧年书》第 4 章,第 1 节和第 8 节(命名)。

〔4〕《犹太古事记》卷 1,第 70 节:《禧年书》第 8 章,第 3 节。

〔5〕《犹太古事记》卷 2,第 224 节:《禧年书》第 47 章,第 5 节,"塔尔穆思"(Tharmuth,法老女儿)。《塔木德》中称她为巴伊亚(Bathia),她在其他一些地方还有其他名称,参见布洛赫:《弗拉维·约瑟夫斯的文献》,第 35 页。

〔6〕《犹太古事记》卷 1,第 113—114 节。

〔7〕《犹太古事记》卷 8,第 231 节:这产生自"七十士译本"的 καὶ ἰδοὺ ἄνθρωπος τοῦ θεοῦ《列王纪下》(第 13 章,第 1 节)吗?

〔8〕《犹太古事记》卷 8,第 391 节。

〔9〕 同上,第 414 节。

〔10〕《犹太古事记》卷 9,第 47 节。

〔11〕《犹太古事记》卷 7,第 327 节。

天[1];如此等等。

特别是围绕着立法者周围——即于朋友当中,亦在敌人之中——逐渐产生出了一系列极为丰富的传奇。《驳阿皮翁》为我们创造了犹太教敌人,将摩西描绘为一位受排挤者,并与他的受排挤者队伍一起被驱逐出埃及,但是在《犹太古事记》中,我们看到的描述则完全相反。这里所有关于这位年幼天才
093 的传说,可在亚历山大里亚文献中发现部分平行相似内容。《民数记》中对"古实(Cushite)这位与他结婚的女性"[2]的提及,引出了关于摩西在埃塞俄比亚战役(Ethiopian campaign)中之领导力的相关故事——这些内容在约瑟夫斯、亚历山大里亚的阿塔帕努斯和拉比作家的著作中,形态各异。在关于摩西人生之末的叙述中,如我之前所提到的,我们作者自己毫无顾忌地引用了关于罗马民族奠基人埃涅阿斯和罗穆卢斯"离去"的描述。

在约瑟夫斯对律法的解释中——《哈拉卡》(*Halakah*)的领域,或如他会说的 τὰ νόμιμα[3]——他与巴勒斯坦人有联系,对此我不能详细阐述。此类解释中最为惊人的内容,完全来自亚历山大里亚,且与《旧约》的精神相反:"我们的立法者,曾明确禁止我们嘲弄或咒骂其他人所认定之神,出于对每一个关于'神'之词语的尊敬。"[4]这基于"七十士译本"在《出埃及记》第 22 章第 28 行对复数词 θεούς的使用"Thou shalt not revile Elohim"(汝不要辱骂神);或是直接取自斐洛[5],对于禁令,他给出了相同的解释和相同原因——名字之神圣性。

这给我一些启示,这些启示经由伟大的亚历山大里亚人的著作被追溯到

[1] *Kiddushin* 38, *Megilla* 13.

[2] 《民数记》第 12 章,第 1 节。

[3] 例如《自传》,第 191 节。

[4] 《驳阿皮翁》卷 2,第 237 节;参见《犹太古事记》卷 4,第 207 节。

[5] 科恩(Cohn):《摩西传》卷 2,第(26)205 行;《论律法》(*De spec. leg.*)卷 1,(7)53。

约瑟夫斯的一个熟人。[1] 约瑟夫斯提到过斐洛,但只有一次——即在关于面见皇帝卡利古拉使团的简短注释中,该使团由上述那位哲学家带队,就阿皮翁的相关诽谤控告,为其本国城市中的犹太人辩护。[2] 而约瑟夫斯则将自己为犹太教所做辩护的大部分内容,用于反驳相同对手的造谣中伤;这一在攻击共同敌人时所有的紧密联系,可能会导致我们的那位历史学家参考他的前辈的著作。对于斐洛,约瑟夫斯可能很少精读,而斐洛深层次的哲学亦超出了他的 094
理解能力,但是有充足的证据显示他曾经浏览了《论创世》(*On the Creation*, *De opificio mundi*),且还可能浏览过《摩西传》(*Life of Moses*)。斐洛计划的著作,《习俗与起因》(*Customs and Causes*),可能会揭示出深层次的相关联系点。

《犹太古事记》的前言和《论创世》的开篇齐头并进。两部著作均提出了相关问题,即为什么《摩西律法》前会被加上关于创世的叙述。约瑟夫斯希望他的读者,会就为什么他计划作为律法和时间记录的著作会有如此大的他称为"生理学"的元素提出问题。他的解释是摩西不同于其他立法者,其法典开始于契约及人类的权利,必须在制定出他的法典前,通过在人们面前设置最高样本来提升他们的精神,并引导他们凝注于神的本质和行动,特别是在创世过程中展示出的相关内容。[3] 斐洛有着类似的序言,其间就摩西之步骤与其他立法者之步骤进行了比较。摩西在开始没有指定命令或禁令,而是对创世做出了惊人解释,为的是显示出存在于宇宙与律法间的和谐,以及守法者才是真正的世界公民(κοσμοπολίτου)。[4] 约瑟夫斯亦着重强调了宇宙与律法间的这种一致。[5] 此外,约瑟夫斯和斐洛两人均提及了使其他立法者的法典大为减色的神话故事。

在相同的上下文背景下,约瑟夫斯承认寓言在对《圣经》的解释中占据着

---

〔1〕 西格弗里德:《亚历山大里亚的斐洛》,第 278—281 页。我曾经使用了一些我关于"约瑟夫斯"在《黑斯廷斯圣经词典》(*Hastings D. B*)中的文章。

〔2〕 《犹太古事记》卷 18,第 259—260 节。

〔3〕 《犹太古事记》卷 1,第 18 节及之后。

〔4〕 《论创世》卷 1,第 1—3 节(科恩)。

〔5〕 《犹太古事记》卷 1,第 24 节。

一席之地,其中相当大部分由斐洛展现,这将他计划的著作的细节保存下来。[1] 就这样的寓言解释,他在其他地方给出惊人的例子,其中,神龛及其器具,以及高级祭司衣服上的各种物品,被解读为宇宙和宇宙构成元素的象
095 征。[2] 斐洛就《摩西传》中悬挂的神龛使用的材料,以及高级祭司的法衣,给出了相似的解释。[3] 两作者提及的相关细节并非完全一致,但这种对寓言解释的特别形式,似乎分布更为广泛,在《米德拉什》,甚至是撒马利亚人的礼拜仪式中,均可摘引出相似内容[4];如是在此,我们无法确定建立起我们作者对斐洛的直接依赖。

再一次,约瑟夫斯评论了《创世记》中对关键数字"one"(一)的奇特使用,即在《创世记》第1章第5行"有夜晚,有早晨,这是头一日(one day)"中,"one"代替了关于创世第一天的解释中的序数,此外,他又一次保存下来关于自己未来著作的解释。斐洛则在《论创世》中,预先评论了相关事实,并给出了自己的神秘主义解释。[5]

《驳阿皮翁》中有另一与斐洛上述著作相似的奇特之处,即两个作者均明显受到希腊哲学的影响。柏拉图在《蒂迈欧篇》(*Timaeus*)中[6]曾描述神在创世过程中雇佣了合作者。而斐洛部分追随了柏拉图,他从《创世记》第1章第26行,即"Let *us* make man"(让我们造人)中的复数推论出其中的人为有混合本性的生命,好坏并存,要求复数形式的 δημιουργοί,然而对于其余被创作的事物,如天空、地球、海洋、野兽及植物等,神则不需要助手。[7] 约瑟夫斯没有冒险明确支持这一被拉比们坚定拒绝的"两神"(two powers)异端信条[8],而

---

〔1〕《犹太古事记》卷1,第24—25节。

〔2〕《犹太古事记》卷3,第123、179—187节;参见《犹太战争》卷5,第217—218节。

〔3〕《摩西传》卷3(存疑),第6(88)、12行(第117行及之后)。

〔4〕由韦尔在西奥多·雷克(Theodore Reinach)的《弗拉维·约瑟夫斯》对《犹太古事记》卷3第180节展开探讨。

〔5〕《论创世》9(35) ἡμέραν οὐ Χί πρώτην ἀλλὰ μίαν ἥλέλεκται διὰ τὴν τοῦ νοητοῦ κόσμου μόνσιν μοναδικὴν ἔΧοντος φύσιν:《犹太古事记》卷1,第29节。

〔6〕41C,42E.

〔7〕《论创世》第24节(第72行及之后)。

〔8〕关于拉比反对此两神创造世界的异端,参见莫尔:《犹太文明》卷1,第381页。

且事实上他大概倾向于同时反对柏拉图和斐洛；然而他意味深长地忽略了在相关文段中所探讨的人。“我们注视他的著作，”他写道[1]，“光、天空、地球、太阳、水、可繁殖的生物（ξῳ̂ωνγενέσεις）、萌芽之农作物。”神创造万物，没有用手，没有辛苦工作，没有使用他不需要的助手；他希望事物如此，事物便即刻 096
以它们最美的面貌出现。

在这些文章的后面，约瑟夫斯谈及了一些受到亚历山大里亚思想影响的内容。将他的神学视为一个整体进行检阅，并评价构成的各种要素，均不大可能，而且事实上在他的历史著作中，亦搜寻不到任何关于教义信条的叙述。他为希腊人用希腊语写作，自然而然且亦几乎必须做出相应调整，以适应希腊人的思想模式和行文术语，如当他采用非人格习语“the Divinity”（神）[2]，或书写命运或天命时[3]。但是就相关的大部分内容而言，他与正统拉比犹太教还是协调一致的。对此，我仅能触及少数几点。

他从未将自己计划的论神之存在的著作出版，不过他对此的简要陈述，即其对前两条戒律的意译，直接优于我所引用的最后文段[4]：“宇宙掌控在上帝手中，完美且受到祝福，自足亦满足万物，他是万物之始、之中[5]、之末。通过神的工作与慷慨，神清晰可见，甚至明了过他物，但是神的形式与量级，远非我们所描述之力量所能办到或理解。没有材料，无论多昂贵，适合来制造神的肖像，也没有艺术有技巧去构想、呈现神。我们之前从未见过和神类似的形象，也不去想象，因为如此猜想非常不敬。”在其他地方[6]，他写道，立法者“劝说所有人将神视为全部祝福的创造者……他使人们确信没有一个行动，也没有什么隐秘思想能够瞒过神。他将神描绘为唯一，自存[7]且永世长存；神美过

〔1〕《驳阿皮翁》卷2，第192节。

〔2〕τό θεῖον.

〔3〕ἡ είμαρμένη, τὸ Χρεών.

〔4〕《驳阿皮翁》卷2，第190—191节。

〔5〕对于相似的拉比思想，参见雷纳克：《备忘录》。

〔6〕《驳阿皮翁》卷2，第166—167节。

〔7〕ἀγένητον，即没出生（如同希腊众神）。他使用腓罗式措辞（Philonic phraseology）：《论创世》2(7) τὸν μὲν ἀγὲνητόν τε καὶ ἀἲδιον ἀπεφήναντο (of the κόσμος)。

世间万物，通过力量让我们了解，尽管神存在的真正性质在于传递知识”。

097 关于来世，我们的历史学家作为法利赛人，相信优秀的灵魂将会在新的躯体上重生。他如下表述法利赛人的教义：“所有灵魂均不灭，但唯有优秀的方可转世进入另一个躯体，而那些邪恶的灵魂则遭受永世惩罚”[1]；此外还有：“他们相信灵魂拥有不灭活力，但在地面之下，对一生作恶之人或终生致力美德之人，则分别有着对应的惩罚和奖励，其中对前者的惩罚是永世监禁，而后者则会获得重生的能力。”[2]他在《驳阿皮翁》中关于一般犹太教教义的叙述，与上述内容相一致[3]：“每一个依赖于自己良心的证据，以及立法者的预言并由神的证据确定的个体，被坚定地说服认为对于那些遵守律法的人和如果必须为律法而死则会乐于面对死亡之人，神会授予他们再生并依次获得更好的生活。”[4]约瑟夫斯在犹他帕塔所做的关于自杀邪恶的演说中[5]，亦有类似的论述：“你们不知道吗？那些在开启自己人生时严格遵守自然法则，且报答神给予之恩赐——神在施恩时，亦会乐意将之收回——的人，会赢得不朽声誉，而这些人依然纯洁且顺从的灵魂，则会被安排进入天堂最为神圣的地方，在之后的革命时代（ἐκ περιτοπῆς αἰώνων），他们会获得重生，在纯洁的身躯里找到一个新的栖息地。而对于那些疯狂愚蠢的人，他们的灵魂将被哈迪斯那黑暗的领地接收。”

约瑟夫斯没有给出关于弥赛亚信仰的点滴信息，《犹太古事记》中众所周知的约瑟夫斯的证据中真实性非常可疑的句子，即“This was the Christ”必须预留在另一讲。除此之外，他还在一个课题上保持沉默，这与将其国家引向毁
098 灭而且提起来就非常危险的起义有关。不过在此还有两篇隐秘提及实现之预言的文章，它们看似提出我们作者有自己的个人意见，并描述了罗马强权的衰落及他自己民族可能改善的命运。在其中一篇文章中，他甚至是，在自己的记

---

[1] 《犹太战争》卷 2，第 163 节。

[2] 《犹太古事记》卷 18，第 14 节。

[3] 《驳阿皮翁》卷 2，第 218 节。

[4] ἐκ περιτροπῆς，或鉴于之后文段中比较全面的语句，“在革命（的年代）”。

[5] 《犹太战争》卷 3，第 374—375 节。

忆中记述了许多实现了的巴兰预言，而由此可以推断，剩余的预言亦将变成现实。[1] 在另一篇文章中，他则拒绝涉及但以理那关于尼布甲尼撒梦中之巨石（该巨石将相关王国击碎）的预言，而是向好奇的读者推荐了《圣经》。[2]

他小心记录实现了的预言，并展示出拉比对一些事情的曲解——在协调看起来前后不一致的预言[3]时。尽管如他在关于《圣经》正典的陈述中说的那样，古代先知的继任者们失败了[4]，但在他看来一些受人喜爱的特别之人，依然被授予了预言的天赋。如约翰·许尔堪、艾赛尼派的犹大（Essene Judas）、法利赛派的波里奥（Pharisee Pollio）或亚布塔林（Abtalion），以及我们的历史学家自己，这些人便拥有上述天赋。[5] 对于《旧约》中所述的奇迹，他继续主张理性解读；在此，他调整自己以适应持怀疑态度的异教读者，以及同时代的标准历史著作对"神话"的处理方法，而他自己似乎非常乐于接受这样的解释。他与自己同时代的大部分人一样，亦分享了灵魂附体（demoniacal possession）真实存在的教义。[6]

但是约瑟夫斯作为辩护者远胜过作为神学家，所以在本讲结束之时，我将提及他为犹太教所做的精彩辩护，即我经常引用的《驳阿皮翁》。就此，在结尾，我们拥有非常接近于我们作者的宗教信条的相关陈述，以及对立法者及其法典所做的热情辩护，他真诚且狂热地表述着他祖国的宗教，这与他的其他著作完全不相匹配。在前面的探讨部分，他对所谓的古代希腊表示怀疑，并为远古时代的自己民族列举出一系列外部证据，粉碎了民族敌人传播的荒谬邪恶的谎言。但是他深思后认为在律法自身中，便可以发现能够应对这些虚假指控的最好辩护，并接着对之进行了总结。他将摩西的律法描绘为"theocracy"（神政），这是一个显然由他自己杜撰的希腊词语。摩西的宗教面向普罗大 099

[1] 《犹太古事记》卷4，第125节。

[2] 《犹太古事记》卷10，第210节。

[3] 即在关于两个西底家（Zedekiahs），即基拿拿（Chenaanah）之子和犹大国王（King of Judah）的故事中，参见《犹太古事记》卷8，第407—408节；卷10，第106—107节。

[4] 《驳阿皮翁》卷1，第41节。

[5] 《犹太古事记》卷13，第299、311节；卷15，第4节。《犹太战争》卷3，第399节及之后。

[6] 《犹太战争》卷7，第185节；《犹太古事记》卷8，第45—48节（为当时的驱邪方法）。

众,这与仅面向少数精英的希腊哲学不同。他的教育体系将戒律规范与实际行动结合起来,通过每周举行的相关课程,所有犹太人均了解了自己的律法,并如同在父亲和主人之下一样在律法之下生活。而他们的教义协调一致,产生了令人钦佩的和睦融洽。约瑟夫斯写道:“有比这更适合荣耀上帝的方案吗?在其之下,宗教便是整个团体训练的目标和终点,由获得信任的祭司专门负责,而整个国家的管理就近似于入会启蒙典礼。”[1]之后他进而回顾各种律法、圣殿祭仪(这么说非常奇怪,好像那依然存在)、对待外人之公平,以及律法之仁慈。“我们践行希腊人所认为的不切实际的想法,”他说道[2],“我们的纪律在日常生活中决不容许行事怪异或个体任性,使得我们在面对死亡时展示出英勇气概。我们的律法经受了时间的考验,被广泛模仿。我们的律法没有任何吸引人的诱饵,依然大行其道于全人类。让每个人(他补充说)都仔细考虑自己的国家和家庭,那么他便不可能不相信我所说的。如果我们没有意识到自己律法的杰出卓越,我们也应该被其众多的赞赏者推动去引以为傲。”

我认为上述精美赞颂,恰好适于结束我今天的讲座。

---

〔1〕《驳阿皮翁》卷2,第188节。

〔2〕我在此概述这一非常优秀的结束语,其应该得到全面的阅读。

第五讲　约瑟夫斯与希腊文化 100

——他的希腊语助手

昨天，我讲述了约瑟夫斯与他自己民族宗教间的关系：他是祭司，是拉比，亦是圣典和犹太教神学及传统知识的倡导人、阐述者。今天，我将转而探索他的另一面，即受过大量希腊知识教育的犹太籍希腊学者。不过我会将他与另外一些人联系起来，这些人给予了他极大的帮助。从我们的作者那里，我们获悉了很多他自己的成就，但却很少听到那些身处幕后的技艺娴熟且刻苦勤勉的助手们的信息，他们不仅仅只是抄书员——他们使约瑟夫斯的时代优雅出彩，偶尔还承担了创作很大一部分叙述的任务，他们搜寻、摘录，并译为优雅的希腊语？这些布告、法令及其他相关记录以晦涩难懂的拉丁文写成，被保存在位于罗马朱庇特神庙的帝国档案中。这些无名的仆人所提供的服务珍贵无比，应当获得认可与赞赏；所以在将我们的作者视为犹太籍希腊学者时，我们不应让其独享崇高荣誉，而应通过讲说“约瑟夫斯与其搭档”给予那些助手以公正的待遇。

你也许熟悉关于牛津大学贝利奥尔学院一位有名教师的一些韵诗，据说这位教师的助教为他做了大量艰苦工作但却几乎没有获得承认：

I'm the head: my name is Jowett,
（我是首脑，名为乔伊特，）
what is to be known I know it,
（可知的我知道，）
what I know not is not knowledge;
（我不知的非知识；）
I'm the Master of this College.
（我是学院大师。）

之后他的助教提交了自己的主张：

Oh, I say, my name is Forbes,
（哦，我说我名叫福布斯，）
But the Master me absorbs—
（但大师将我吞并——）
Me and many other "mes"
（我和其他许多的"我"）
In his big Thucydides.
（并入他那大大的修昔底德。）

101 在我看来牧师本杰明·乔伊特博士（Rev. Dr. Benjamin Jowett）与弗拉维·约瑟夫斯完全没有可比性，但是后者的助手似乎有更充分的理由提出相似的抗议。

我们的历史学家的写作生涯以用他的母语阿拉米语或如一些人认为的希伯来语为东方观众书写关于"犹太战争"的故事为开端。但是上述语言媒介很快便被丢弃。他现存著作所面向的对象均为罗马-希腊读者，而要服务这一范围广大的群体，便必须完全精通古希腊语。约瑟夫斯在巴勒斯坦的生活处于动乱之中，尤以"犹太战争"为动乱顶点。这样的环境，几乎无法给他提供任何机会做相关研究。他的国家确实通用双语，但是日常所说的希腊语，无法适用于面向知识渊博且苛刻挑剔读者的著作。我们作者在学生时代的"刻苦训练与勤奋练习"[1]，致力于自己民族三个相互敌对派别的教义，我们可以确定在他与隐士班努斯一起生活的三年中，没有研修过修昔底德的课程。他在自己著作中展示出的对希腊语的精通，必定完全是在罗马获得。

犹太人尽管在吸收外国语言上有困难，在希腊句法中还会时不时留下自己母语阿拉米语的印记，但在流散的每一个时期里均产生过技艺娴熟的语言学家。在亚历山大里亚创作出第一版希腊语圣典的先驱者们，完成的是永世

---

〔1〕《自传》卷2。

流传的功绩。他们用古希腊日常用语而非书面用语是事实，而且他们还受到所承担的翻译任务及对神之启示最初使用文字的敬畏的限制——这解释了为什么他们会保留下一些希伯来语的措辞。而在《所罗门智训》(*Book of Wisdom*)或斐洛的著作中，我们可看到亚历山大里亚的作者们彻底摆脱了这类控制，似乎能够完美掌控相关语言。

然而亚历山大里亚是希腊知识的海洋，这里的犹太人已经将自己的母语阿拉米语忘记，他们从幼年时便开始零碎接触、习得希腊语。在罗马，巴勒斯 102
坦人约瑟夫斯在沉浸于大量的相关文献之前，不得不竭尽全力从头开始学习希腊语语法——那些文献也可以为他的历史提供资料并作为行文风格模板。他显然付出了巨大努力学习优秀的行文风格，尽管其著作并不稳定，但其中一些部分达到了不同寻常的高水准。在希腊语《犹太战争》各章节，他没有容许自己的母语阿拉米语出现其中，避开了使著作失去光彩的那些痕迹，过去所认为的发现于其他地方的所谓闪米特语痕迹，被证实不是真的。[1] 他一定更进一步努力挑剔，以避免在以后的亚历山大里亚演讲中出现"粗鄙俗语"——对此，甚至于像波里比乌斯这样的作者都没有鄙弃。

不过对语言的这种控制，并非完全由他一人所为，所以我计划在本讲中探寻他的一些助手。我们将从对他著作风格展开多样性研究开始。这样的研究并非没有人情味儿，它将带领我们回到一位古代作家的书房，并展露出这位作家的一些写作方法。我在其他地方[2]展示出了可在希腊语《圣经》中查出的风格变式，对诸如"Thus saith the Lord"(如此说到上帝)一类一般语句的翻译有何不同，以及其他的风格变化。这些相关变化在"七十士译本"的后半部分非常明显，据此我们可以认为一些"预言书"是由两人一组的亚历山大里亚译者们完成，而且他们为加快工作，还将自己正着手创作的特别书籍一分为二，依次轮流听写、翻译。在《新约》中，我们获知了圣保罗(S. Paul)的一位文书

---

〔1〕 使用动词 προσίθεσθαι 表示"再次"，施密特(Schmidt)：《弗拉维·约瑟夫斯的演说术》(*De Flav. Josephi elocutione*)，1893 年，第 516 页，还有《神学研究》(*Journal of Theol.Studies*)1929 年 7 月的一篇文章。

〔2〕 《七十士译本与犹太教崇拜》讲座 I 。

助理的名字[1],而其他助手的名字似乎也确可推测[2];我们认为从“保罗书
103 信”(Pauline Epistles)在风格上的一些变化,可以推测出其雇佣的不同文书助理。但是就约瑟夫斯一例,我们便不单可以进行推测,还可以看到他承认自己雇佣了助手。

我们首先可以引用两篇文段,其中我们的作者稍稍提及了他的文学素养,以及他对有价值的行文风格的感激。他在此对自己于《犹太古事记》末所取得的成就做出了评估[3],然而几乎没有表现出谦虚,尽管其中显然含有他对自己希腊语发音的坦白,看起来他向那些已经听到他尝试讲希腊语的人做出了道歉。“冒昧地说,我认为在世界上没有其他人,无论是犹太人还是外邦人,能有如此坚定的决心,愿为希腊语读者创作这样精准的著作。就对关于我祖国的学识而言,我的同胞们承认我在他们之中无疑非常杰出,而且我还努力学习希腊文献(一些手稿增加,‘包括诗歌’,καὶ ποιητικᾶ'ν μαθημάτων),并精通语法,不过长期使用自己民族语言形成的习惯,使我无法习得正确的发音。”上述一些手稿中添加的内容,“以及韵诗知识”,非常有趣。对用 homoioteleuton(like-ending,句尾相似)来解释为何会有被偶然遗漏的词语,极为可能;但另一方面,如马上将要显示的,我们作者的一位助手近乎狂热地喜爱希腊戏剧作家,而且如我的朋友艾斯勒博士所说的,这位助手知道自己主人所吹嘘的成就的真实情况,所以他深思熟虑地在著作后期版本中去除了一些相关词语。在卷 14 的开始,关于优美行文风格的文段再次出现——写于我们作者由于对自己的任务感到厌烦,并很快将之交给到他人手上时[4]:“在其他的素养中,历史学家和事件报道人需要吸引人的行文风格,以使读者能在指导下发现一些吸引人之处和启示,这是因为大多数人对他们所述的古代并不熟悉,而这样的风格在一定的范围内是可以达成的,即可通过对词语进行选择和优雅校正(ἁρμονία),以及其他任何可以对叙事进行修饰的方法获得。”而通过“优

[1] “我,德丢,写下了《使徒书信》,向你致敬。”《罗马书》第 26 章,第 22 行。
[2] 伯基利:《基督教之始》(*Christian Beginnings*),第 131 页及之后。
[3] 《犹太古事记》卷 20,第 262 节及之后。
[4] 《犹太古事记》卷 14,第 2 节。

雅校正”和“协调”词汇，他提及了对元音连续（或元音冲突）的避免：认真观察 104
他的大部分著作，可发现一个规律，即以元音结束的词语接着以元音开始的词语的情况，一定不能发生——一个非常严格的要求。

转至我们作者最早也是最伟大的著作《犹太战争》，如前所述，我们发现这部著作的优点不同寻常。其行文风格以伯里克利时代的大师们为榜样，虽然水平较那些大师还有一定差距，但依然是公元1世纪时阿提卡希腊语的优秀样本。精选的词语、组织良好的语句段落、在虚词运用及词序上之精细、与古典风格一致但却不屈从于经典模式，种种精妙组合使这部著作在希腊文学中处于较高地位。

一位一直仅用阿拉米语写作的作家，能够完全掌控希腊语这门错综复杂且精密的语言，非常令人惊讶，这样的掌控并非某一后世著作中的附带之言。大概在《犹太战争》问世25年后，《驳阿皮翁》一书诞生，在此书中，我们的历史学家终于承认在创作早期著作时得到过他人帮助。他告诉我们，因为希腊语的缘故（Χρησάμενύς τισι πρὸς τὴν Ἑλληνίδα φωνὴν συνεργοῖς），他雇佣了一些合作人。[1]

现代的编辑会感谢这一具有启发意义的坦白，并能够原谅它的迟延。我们关注的这些助手，可能就之前没有这样的“承认”有过抱怨，实际上和后期著作中的其他坦白一样（如他所说“那些迄今为止我一直对之保持沉默的事情”）[2]，约瑟夫斯很可能是因为劝告才被迫如此。感激所受恩惠及讲述其他个人事物非常适于放置在前言，但古代著作确实没有与现代著作的前言相
对应的部分。然而《犹太战争》一书却拥有非常全面的序言，我们的作者在其 105
中讲述了大量自己的信息。在此处进行优雅而及时的坦白，不会不合时宜，但与之相反，这里唯一关于“博学的希腊人”（erudite Greeks）的提及，却是对他们无视历史精确性的严厉责备。这些助手们的“工头”确实有些忘恩。我希望他们至少获得了出自我们作者年金的丰厚报酬，这从我们作者序言中的一

〔1〕《驳阿皮翁》卷1，第50节。

〔2〕《自传》，第338节。

条注评可推测出来，即"就我自己而言，我，一个外国人，花费巨额资金且承受极大痛苦，为希腊人和罗马人呈献了这一具有纪念意义的伟大成就"[1]。他们的名字和社会地位均未被记录下来。他们的文化和深藏的希腊文学知识，令我在开始时将他们视为我们作者"在罗马的文学朋友"，但是将他们视为我们作者的奴隶或许应该更加正确，就如同我们历史学家儿子的家庭教师(παιδαγωγός)，即那位因诽谤自己主人而被图密善皇帝下令惩罚的奴隶太监。[2] 约瑟夫斯面对着萧墙之祸。

不管怎样，约瑟夫斯的确从他这些令人钦佩的助手那里获得了极大的帮助，这在该著作的每一页几乎都清晰可见。在其他优点中，《犹太战争》特有的是大量的精选词语——并非仅限于军事术语，这些词语或仅少量出现于《犹太古事记》的某些部分。这部著作最后一卷独树一帜：一些为《犹太古事记》所特有的词语在此部分出现。在任务结束时，尽管助手们的痕迹依然存在(这是他所不愿意看到的)，但看似约瑟夫斯更多是在依靠自己的资源。文学著作的最后一卷易逃过修订，虽然可能有众多不同的因素在起作用，但还是会很好奇地回想起修昔底德著作的最后一卷亦相似地与其余各卷风格迥异：如经常出现的评论所说，好似作者没有做最终的润色。在著作较前的部分有我们作者自己的一些风格标记，如卷 2 末尾处关于他年轻时在加利利的职业生涯的叙述。

106 约瑟夫斯以复数形式提及 συνεργοί。至今为止，我还没能成功辨别出他在写作《犹太战争》时雇佣的那两位或更多位文学助手各自令人尊敬的贡献。仅在约瑟夫斯后一部著作中，即我马上将转到的《犹太古事记》中，他主要的两位助手才被查明。这本书中没有留存任何作者受到帮助的提示，但相关合作人还是在文档中留下了他们不可磨灭的印记。

《犹太古事记》简短的序言中包含着一篇有趣的个人陈述，是关于我们作者这一鸿篇巨制的起源，其中有人提及了他面对自己承担的艰巨任务时的退

---

[1] 《犹太战争》卷 1，第 16 节。

[2] 《自传》，第 429 节。

缩，以及他的赞助人的鼓励——单凭此他便能够完成自己的任务。他告诉我们[1]在写作《犹太战争》之初如何设想，即他最初计划写作一部涵盖自己民族全部历史的综合巨著，而非仅想叙述不久前发生的战役，但是如何实现——他意识到此类著作范围过于庞大，便决定将原计划的著作一分为二。即使如此，写作他民族的全面史《犹太古事记》，依然被证明为一件令人恐惧的任务。"随着时光的流逝，"他写道，"犹豫不决和拖延作为经常发生在那些设想操作大题目之人身上的事，我在使用奇特外语呈现如此庞大的主题时，亦被它们所困扰。然而一些人在期待这部历史著作，鼓动我继续写作，其中尤其以以巴弗提为先。"如此等等。

"其间有着迟疑不决和拖延。"这一句令人想起一个最为人喜欢的样板，也是修昔底德著作中最常被翻阅的部分，即"锡拉库扎的远征"[2]——两者之间有着如此多的相似之处，只不过所表述的事实各不相同。我认为很可能这一句触及到了一个点，工作在此节点被搁置甚至可能被遗弃了一段时期。这一节点是著作卷 14 的结束，到此刚刚叙述至公元前 37 年时希律和索休斯(Sossius)占领耶路撒冷，以及希律王刚刚进入三年前罗马授予他的王国。

在此节点，著作中的叙述经历了一次显著的变化。如果我所想无误，刚好 107
在此点之前，我们发现了倦怠的迹象，而紧随此节点之后，便出现了处理作者材料的新方式，行文风格也随之发生改变。这些变化持续出现在将近五卷本的内容中，我据此推断著作被委托给他人。我所说的"倦怠"，因旧资料在著作中被重复使用而显现。我们的作者此时抵达了之前被他所遮蔽的一个时代：著作卷 14 的主题，即安提帕特和希律崛起的故事，这已经在《犹太战争》中有生动阐述。他有一些新的材料可以处理，但依然主要依赖于旧有的资源，即大马士革的尼古拉斯。此时没有任何我们所说的"剽窃"概念，古代历史学家习惯于免费且不加注明地使用前辈已经出版的著作，这种行为我们称之为

[1] 《犹太古事记》卷 1，第 6—8 节。

[2] 修昔底德：《伯罗奔尼撒战争史》卷 7，第 4、49 节。

"剽窃",对于他们来说,变化措辞几乎是一个值得光荣的点。这一规则甚至亦适用于被我们作者两次涉及的同一主题:他不可能"剽窃"自己。甚至于在某个特殊时刻的演讲,如果需要重复,亦必须以不同的语言进行叙述。对于这样的事,约瑟夫斯通常一丝不苟,但此时在《犹太古事记》卷 14 末尾,却一反常态,对于希律占领耶路撒冷的阐述,几乎逐字逐句复制已经出现在《犹太战争》中的相关内容。他开始重复自己的著作,或者更准确地说是在重新抄写他旧有的权威资源,即尼古拉斯。在一些时候,这两篇相关叙述几乎完全相同,以至于极小的变化便非常显著且意义深远,所以,拉克尔先生仅仅选择卷 14 的内容进行详细分析,并比较其间展现的不同观点,并非出于偶然。对于卷 15 的内容,拉克尔先生便无法这样做。在此,相关叙述被完全重铸,且依靠尼古拉斯和编入新事件而得到增补,然而在《犹太战争》中,就希律的统治,外部历史一直有别于内部悲剧,而在《犹太古事记》中,相关事件则依据年代顺序展现。

108 如前所述,这一在论述上的变化伴随着风格的改变,或更应当说是伴随着风格的多种变化,从卷 15 的开始,几乎一直延伸至卷 19 的结尾。[1] 在卷 19 近末尾处,可被称为"正常"的风格回归,并一直持续至著作之末(卷 20),而且著作的附录,即个人传记,亦延续着这一风格。我们的作者在完成任务的过程中,不止一次自己主笔。

这一占据整部著作大约五卷或四分之一篇幅的长篇论述,涵盖了一个有 78 年之久的时代,即从公元前 37 年希律王建立起自己的王权,到公元 41 年罗马皇帝克劳狄乌斯确认亚基帕在他自己王国的位置为止。对于我们当中的一些人来说,这个存在于基督教时代之前并跟随着它的时代,在世界历史中似乎最为伟大,而这部与耶稣基督不相干的著作非常引人注意,因为它有与基督相关的内容,即弗拉维的证据。

这部分内容的特质不可能为我们的作者所有。一位作者在自己一部著作中的风格,在相当长的一段时间内出现某些变化也许并不奇怪,但一个作者不

---

[1] 至卷 19,第 275 节或第 277 节。

会将自己一部著作的风格改变两次或三次甚至更多,不会在一个时期突然陷入新奇且明显过于独特的风格,如在之前所述的三卷内容中发现的那样。这些没有关联的外来章节之间存在突变,可分为两个较小的部分。卷 15 和卷 16 中有一位颇有能力的助手的标志,如出现在《犹太战争》中的那些;而卷 17 至卷 19 则脱离了此种风格及学究式的删改把戏,表现出一个修昔底德模仿者的特征。

作者使用了不同的权威资源,不能再次如可能会被认为的那样,成为这些特质风格的原因。关于希律的统治的长篇叙述,以"正常"风格开始于卷 14,并径直扩展,贯穿卷 15 和卷 16,直至书面辞藻奢华的卷 17 结束。相关主要资源,自始至终无疑均来自尼古拉斯,这一连续的事件因风格变化被一分为三,一位接一位的作者相继着手于这一深刻而强烈的故事。再一次,在卷 17 109
中间,即叙述亚基老继位处,尼古拉斯的著作戛然而止,在此之后,第二位助手开始叙述希律王及其继承人的故事,至卷 19 中关于罗马历史和罗马皇帝克劳狄乌斯遇刺的内容止——此部分叙述所依赖的相关材料,明显取自相当不同的资源。这一部分内容(卷 17 至卷 19),到目前为止,自始至终弥漫着相同且明显的矫揉造作之风。

我们可以推测出导致约瑟夫斯在这一特殊之处寻求如此大量帮助的原因。其中主要原因无疑是他在序言中所提到的,即他在应对后天习得语言时所要面对的倦怠、踌躇和困难。但我们还能够想到其他。他在有助手的《犹太战争》中所触碰的时代已经被部分遮蔽:他满足于将著作续篇的复制留给其他人,指导他们重新组织相关材料并改变措辞。但是除去旧有文档,此时他还找到了新的可以吸收的材料,其中许多以拉丁语书写。卷 18 的大部分内容和卷 19 几乎全部的内容,所述场景均从巴勒斯坦转移至罗马,尽管此部分叙述与犹太民族史关系遥远,但它却成为关于奥古斯都继承人宫廷史的一流权威。亚基帕一世在罗马时的多变命运,牵出了关于提比略拖延政策的有趣研讨,以及现存的对卡利古拉遇刺和克劳狄乌斯继位的最为全面的阐述。在此,我们的作者无疑依赖于拉丁语材料,如果希腊语对他来说一直为外语的话,那么可以说他几乎不懂拉丁语。他需要助手帮助他翻译那些以草写罗马字体编写的帝国档案文件及其他的拉丁语文学著作。

那么我认为我们有充分理由将这两个连续的部分，即卷 15 至卷 16 和卷 17 至卷 19，视为约瑟夫斯两位助手的著作，这个观点完全正确。我们没有这两人的名字，所以我将他们分别称为 α 和 β。

我将首先探讨后者，因为他的风格特性非常明显，不可能不吸引读者的眼
110 球。一个恰好首次了解约瑟夫斯的学生，在这一部分会断言约瑟夫斯是一位顽固、不随和的作家，而他自己大概也会被浮华复杂的语言威慑而踌躇不前；但是在《自传》中，他会发现其中内容简单粗糙到近乎荒谬的程度。卷 17 至卷 19 作者的独特特色，一是对修昔底德的随意剽窃，二是他自己的一些矫揉造作，其中，看起来他正在模仿自己伟大榜样的领域一试身手，没有进行实质性的抄袭。他大概可以被称为修昔底德式廉价雇佣写手。

修昔底德的著作天生即为历史著作的标准，而有节制地使用其中之措辞——偶尔的怀旧回忆，如我们在《犹太战争》中所发现的——亦属情理之中。不过当我们转向《犹太古事记》之后，却发现相似之处越来越多，在卷 17 至卷 19 中这类相似最多，达到顶点——此部分的每一段，作者均大量从修昔底德这座宝矿搜寻资料。如我所希望展示的，他大概也要为早期著作中的一些相似之处负责。

在约瑟夫斯的时代，被称为“修昔底德学家”（Thucydideans）的一伙人臭名昭著。在约瑟夫斯一代或两代人前，我们发现西塞罗（Cicero）嘲笑他们，而在约瑟夫斯之后的一代人中，他们亦被琉善所嘲笑。西塞罗的讽刺作品[1]，直接攻击那些以伟大的雅典人为模版设计自己演讲的修辞学家。他说道：“看！有人公然宣称他们自己似修昔底德，真是一类未曾听闻的新进不学无术之辈……他们的演说中有非常多晦涩难懂的句子，他们自己都罕有理解。”如此等等。琉善自己就“如何书写历史”所做的简短但绝妙的探讨[2]，含有对当时的历史学家和现代演讲者来说均可视为忠告的内容；他戏弄那些模仿

〔1〕《演说辞》（*Orator*）卷 9，第 30 行。我参考了朱诺（n. 17）。

〔2〕《论历史的写作方法》，第 21—23 节。

雅典人的作者，这些人傲慢地以自己的怪异名字来开始自己的著作，如“Crepereus Calpurnianus the Pompeiopolitan[1]，写下了帕提亚人与罗马人彼此攻伐的战争史，他从双方最早拿起武器时开始叙述”，并使用取自他们榜样著作的“短小碎片”(little rags，μικρὰ ῥάκια)来填充自己著作的各页。在聆听这些夸夸其谈者中的一人朗读自己著作后，他说道：“我留下他埋葬那些身处尼西比 *111*
斯的不幸的雅典人，也当然知道在我动身起程后他会说些什么。”

如此可以说在《犹太古事记》各部分，特别是在前述的三卷本中，古老的希腊式战斗、伯里克利的演讲被再次展开，只是地点换在了巴勒斯坦人或意大利人的土地上。我们所说的作者对整部伯罗奔尼撒战争历史了如指掌，但锡拉库扎大撤退、普拉提亚之围(siege of Plataea)及伯里克利的演讲提供了最多可供回忆的往事。[2]

一些“修昔底德学家风格”的例子和其他风格技巧一定足够。这类具有新闻工作特性的廉价雇佣写手非常啰唆，喜欢用两个或更多的词表达一个单词便可表明的意思。词句经常迂回曲折，双重否定句尤受欢迎，如“not incapable of”(不是不能)、“not averse from”(并非不愿)等。修昔底德曾经在对地米斯托克利(Thimistocles，约前527—前460，雅典政治家、将军)进行人物速写时，使用了前一种句式，即“此人甚至在面对毫无经验的事物时，也不是不能(οὐκὰπήλλακτο)产生出足够的判断力”[3]。《犹太古事记》卷17至卷19的作者，前后大概15次使用这类句子，其中一次明显依赖于修昔底德的文章[4]，而在约瑟夫斯著作的其他地方并未发现这类句子。在卡利古拉于地下通道中遇刺后[前往罗马帕拉丁山(Palatine)的游客依然可以参观该密道]，罗马军队找到躲藏起来的克劳狄乌斯，并将他带走做他们的皇帝。我逐字逐句对相关内容进行翻译，如下：“因为黑暗，众士兵中的一个在确认其容貌时表现笨拙(being unskilled)，但并非不能判断出隐藏之人为一男子。”以“being

---

[1] 无法翻译，保留原文。——译者注

[2] 朱诺给出了一份长长的名单，但不是非常详尽，参见《关于约瑟夫斯的调查》(*Untersuchungen über Josephus*)，1896年。

[3] 修昔底德：《伯罗奔尼撒战争史》卷1，第138节。

[4] 《犹太古事记》卷19，第217节。

unskilled”代替“unable”（不能）、“not incapable”（不是不能），以及将修昔底德的简单动词κρίνειν（judge，判断）转化为κριτὴς εἶναι（be a judge，做出判断）等，展示出作者的迂腐及讨厌。对于“not incapable”，我们还有“not averse from”（οὐκ ἀποτενραμμέος）这类变形，亦即“ready”（准备）（去做某事），它们亦只属于这位廉价雇佣写手。如果说有一个词语要求简洁，那必定是“quick-
112 ly”（迅速地），尤其是当它被用于祈使语气时，但即便如此，我们的抄书员却还是经常使用7个词语来表述。这类独特折绕语的原材料，再一次来自文学书面语。在修昔底德的著作中[1]，有身处西西里之海峡的尼西亚斯（Nicias，前470—前413，雅典政治家、将军）向雅典发出的紧急增援要求，内容如下：“但是做你在开春之时想做的任何事情，而且不要拖延（εὐθὺς καὶ μὴ ές ἀναβολὰς πράσσετε）。”οὐδέν（μηδὲν）εἰς ἀναβολὰς这类措辞，通常会被ἀλλ᾽ἐκ τοῦ ὀξέος[大概如我们所说的“但是立即”（but off the reel）]加强，它们在约瑟夫斯此部分著作中出现十几次，但在其之前的著作中却仅出现一次[2]，就此，我毫不怀疑它们由同一作者完成。在解读发生在雅典的瘟疫时，修昔底德告诉我们患病者被他们的朋友抛弃，在孤独中死去，或者如果他们冒险照顾患病者，他们，“特别是那些渴求英雄气概的人”（aspired to heroism，οἱἀρετῆς τι μεταποιούμενοι），亦最终消亡。[3] 通过“aspiring to heroism”这一措辞，我们捕捉到那位文书助理的异想天开，他颠来倒去地就这一个词。[4] 接下来我们可以继续向前。对我们作者日常习惯的背离，甚至扩展至拼写：πράσσειν 这类词汇中的（修昔底德之）双 σ，取代了所谓的“阿提卡”双 τ（πράττειν），而约瑟夫斯著作的其他地方则一如平常。这位助手的其他特质中，可提及的还有“receive with pleasure”（ἡδονῇ δέχεσθαι，快乐收获）（因其

---

〔1〕 修昔底德：《伯罗奔尼撒战争史》卷7，第15节。

〔2〕 《犹太古事记》卷7，第224节。

〔3〕 修昔底德：《伯罗奔尼撒战争史》卷2，第51节。

〔4〕 ἀρετῆς μεταποιεῖσθαι，《犹太古事记》卷18，第20、278节；ὀριγνᾶσθαι，卷17，第153节；προσποίησις，卷17，第149、181节；μεταποίησις，卷3，第158节；ἀντιποίησις，卷4，第154节。

出现在弗拉维的证据中而比较重要)[1],及较长形式的关系代词,将ὅσος写作ὁπόσος[使用上百次,通常不接动词,这是这位廉价雇佣写手的特质标识,如在 καὶ ὁπόσα ἐχόμενα,即"and whatever is akin"(和无论何种相似的),其意思和"and the like"(和相似的)一样],意为"happen"(发生)的 συνέρχεσθαι,以"remoue"(μεθιστάναι 或 μεταχειρίξσθαι,去除)取代"kill"(消灭),以及ἁμαρτία的爱奥尼亚词语 ἁμαρτάς。这位作者刻意避开常见词语,并用不寻常的奇异词语取代,犯下了新手记者所犯的低级错误。

当时对修昔底德的崇拜,如前所述,非常流行:他的崇拜者构成了一个小群体,如同现代的勃朗宁信徒(Browningites)或梅雷迪斯圈子。倘若我们探索 113
这位作者怪异行为的深层次原因,大概可以确定两条。在著作较前的部分,即卷 17 阐述希律王晚年的内容中,我们仅可看到对已经出现在《犹太战争》中之相关叙述的冗长意译:在此部分,作者对最初权威尼古拉斯的依赖,不似我们在卷 15 至卷 16 中发现的那样。这位文学助手一定收到了来自他"老板"(如果这一口语用词可以用于称呼我们这位伟大历史学家的话)的指令:"把《犹太战争》当作你的权威依据,不过要注意变换遣词造句。"这使得我们作者的这位抄书员能够随意满足自己内心的癖好,不过我还是不禁认为存在其他更为蓄意的动机。他受邀成为一项重要文学事业的合伙人,且可以在遣词造句方面随意发挥,但事业荣誉要为其雇主独享,于是他决定在自己亲手创作的著作上留下自己的标记(即便不是自己的名字),而他成功做到了这一点。

如此基本可以确定,卷 17 至卷 19 的全部内容实际上是由这位修昔底德模仿者书写:他在演说中无意泄漏。不过如前所述,对修昔底德的模仿尽管在这一部分内容达到高潮,但并非仅局限于此处。接着问题来了,即这位秘书是否在著作其他地方亦偶尔贡献力量?我认为是这样。我们在《犹太古事记》较前的部分,发现了堆积其中的修昔底德习语,尤其是在卷 17 至卷 19 部分的

---

[1] 《犹太古事记》卷 18,第 6、59、63、70、236、333 节;卷 19,第 127、185 节;以及ἐ δονῇ φέρει,卷 17,第 148 节及其他。

语句中出现最多，而且与一些已知的矫饰风格一起出现，那么在这里便是同一只手在起作用。此时他还没有将自己之后的矫饰风格发展全面，但即便处于发展初期，我们已经能够察觉其中一二。我之前提到他关于“forthwith”（即可）的七词折绕语，在《犹太古事记》卷 17 至卷 19 中重复出现十几次，对该习语，我们在著作之前的篇章中发现了与之相似的内容[1]，即在描述自耶路撒冷派出的使者，前往城外大卫处，向其报告押沙龙（Absalom）计划一事的部分，我们读到（逐字翻译的）“and they defened nothing to delays and procrastination”（他们不受任何事物的妨碍，没有拖延和耽搁），也就是“they departed
114 post-haste”（他们火速出发）。就此，我们可以充分察觉到这位廉价写手。意义更为重大的是对可拉（Korah）及其所有同伴放火所造成的破坏的叙述，因为在此我们不仅发现了模仿修昔底德的表述形式，而且还找到了这位抄书员的一个最为独特的标识，即使用代词 ὁπόσος代替 ὅσος，这一标志在《犹太古事记》卷 17 至卷 19 部分出现了上百次，但在其他部分却仅出现 4 次。你们大概还记得在伯罗奔尼撒战争中，普拉提亚的围攻者如何试图通过一场巨大的篝火摧毁这座城市。“火焰燃起，”修昔底德这样写道，“它如此之大，似无法出自人类之手”[2]；之后，他又以自己消除夸张之词和提及古老信仰的典型风格，补充说道：“我并非在说山中那由树木因风的运动和彼此摩擦自燃引起的大火。”普拉提亚之火没有达到强烈的森林大火级别。好吧，我们的作者能够做得更好，他一定会有一场“无可匹敌”的烈火。对此，他这样描绘：“亚伦（Aaron）和可拉，与他的 250 名追随者一起拥出，而且他们全都使用自己所带的香炉焚香（ὁπόσα）祭献。然而突然燃起大火，火势之大，历史上从未有过人类燃起类似大火的记录，喷射出地表的地下热流[3]、烈风和相互摩擦造成的树木自燃亦从未能引起。”[4]

从这些以及一些相似文段中我们可以推断出，除接手了直到末尾的一大

---

[1] 《犹太古事记》卷 7，第 224 节。

[2] 修昔底德：《伯罗奔尼撒战争史》卷 2，第 77 节（乔伊特）。

[3] 《犹太古事记》卷 4，第 54—55 节。

[4] 公元 79 年维苏威火山爆发，将庞培和赫库兰尼姆掩埋，这无疑在此被记住——在《犹太古事记》卷 20 第 144 节中有提及。

部分内容外，这位修昔底德模仿者还被要求为之前的叙述提供一些华丽辞藻。

如此，我上面所述的这位“窃贼”便留下了他不可磨灭的印记——“指纹”就在那里，不用夏洛克·福尔摩斯便能察觉它们。但是他的同伴，一位典型的无疑非常优秀的人，此人的创作则不那么容易被发觉，但他个人对境况的提 115
示，使我追寻到了他的踪迹，对此我希望他会被谅解。

我多年前开始为《约瑟夫斯手稿辞典》收集材料，现在这本书即将出版，而这要感谢科胡特纪念基金。我从限定的部分，即《犹太古事记》的最后五卷开始，首要任务是收集助手“修昔底德学家”的特质、对其分类，并确定其所写内容的准确界限。我知道大概的范围，即卷 17 至卷 19，但还需要将此部分前、后的内容，即被我视为“风格正常”的卷 16 和卷 20 包括其中，作为对比。我认为将卷 20 视为以我们作者的“正常风格”书写并不错误，在此部分及最后附加的《自传》中，我们几乎能够在任何地方找到约瑟夫斯的原话。但是我将卷 16 亦视为“正常风格”则属于错误，这已被证明。而我的研究在不经意间开始于第二位助手著作的中间部分。直到我将自己的研究扩展到《犹太古事记》的所有内容时，才意识到这一问题。之后我发现，卷 15 和卷 16 间通过一系列特殊的词语，以及大量文风上的小细节存在着联系，这或为这些书特有，或仅相似于《犹太战争》某些部分的信息。约瑟夫斯在结束卷 14 的写作后，非常疲倦地放下了自己的笔，转而雇佣了一系列助手处理接下来的五卷内容，这些助手一分为二，或负责其中两卷，或负责其他三卷。

第一位助手（“α”）比其他助手（“β”）优秀许多，约瑟夫斯能够得到此人可靠的服务非常幸运。和前面一样，此标准有两项：其一，一些特有的典型风格；其二，与希腊文学的一种独特的密切关系。不过在此，较之“矫揉造作”，我更应该说“拘泥细节”；较之“剽窃”，亦更应该说是文雅有才之人的“恰当回忆”。我不能以各种各样精细微妙的风格，以及第一个使我追寻到这位助手的那些词语让你们困惑，所以我将仅关注他与经典杰作的共鸣之处。总体而 116
言，他显然精通希腊文学，且爱好希腊诗歌——尤其是索福克勒斯的著作——这是他的显著特点。此时，修昔底德是廉价历史学家天然的资料来源，但是对于期待成为犹太编年历史学家的人来说，索福克勒斯则可能是他们最后的模版。偶然间我们在意外获得最为吸引人的希腊诗人的回应中发现，它显示出一种天生的文学品位。对于索福克勒斯的戏剧是否在罗马剧院中上演过，我不得而知，但是这位作者明显曾经阅读过它们，尤其是《埃阿斯》(*Ajax*)和《厄勒克特拉》——很难相信他是一个奴隶。虽然仅是一词一句不明显地镶嵌在各处，但它们的来源是无误的。在《犹太古事记》卷15中，我们发现了与《埃阿斯》相似的内容，如关于从希律宫殿屋顶到山谷低处眩目景观的短语 ἀπὸ τοῦ στέγους διπτεύειν[1]（在《埃阿斯》第307行 διοπτεύι στέγος 之后），稍后[2]的 κατὰ δ'ήίου βολάς（"朝向阳光"也即"在东方"），以及较前的词汇 ἐνώμοτος[3]。对于《厄勒克特拉》，我们在《犹太古事记》卷16中发现了相似之处，即 ποῖ ποτ' οἴχονταί σου...αἱ φρένες 一句[4]——出自老兵提洛(Tiro)之口的"Whither have your wits gone（你的智慧哪里去了）？"他如此说是为告诫希律（在《厄勒克特拉》第390行 ποῖ ποτ' εἶ φρενῶν 之后）——及融解仇恨或使之沉入心灵深处的 μῖσος ἐντετηκέναι[5]（在《厄勒克特拉》第1311行之后）。总之，我们在这两卷集中发现了与雅典悲剧作家相似的地方有十几处之多。[6]

相似之处确实并不完全限于著作的这几卷。但是这些与某些精细风格相联系的"索福克勒斯旧话"(Sophoclean reminiscences)，为揭示这位助手在著作其他部分的活动提供了线索。据此得出的结论，首先是这位诗歌爱好者和
117 助手"修昔底德学家"一样，除承担创作《犹太古事记》一大部分内容外，亦偶尔在其他地方一展身手，其次，他是约瑟夫斯在创作早期著作《犹太战争》时，雇佣的一流助手之一。"索福克勒斯旧话"（出自索福克勒斯的同一出戏剧），衍生出了《犹太古事记》中的相关语句，当我们在《犹太战争》中发现它们时，

［1］《犹太古事记》卷15，第412节。
［2］同上，第418节。
［3］同上，第368节；参见《埃阿斯》，第1113行。
［4］《犹太古事记》卷16，第380节。
［5］同上，第93节。
［6］例如词语 δεξίωμα、δυσγένεια、προσαρκεῖν 等。

可以确定这些相关内容由同一人所为。在《犹太古事记》卷 17 至卷 19 中没有出现此类语句，助手“修昔底德学家”亦没有参与《犹太战争》任何部分的写作——他仅在我们历史学家后一著作中提供了自己的服务。

尤其《犹太战争》卷 3，经常出现“索福克勒斯旧语”。从这位作者最喜欢的戏剧《厄勒克特拉》，我们得到短语犹太人“armed by recklessness”(θράσος ὁπλίξειν，不计后果地武装)[1]，“to be prodigal of life”(ἀφειδεῖν ψυχῆς，挥霍生命)[2]，以及改述自此出戏剧著名台词的语句[3]——它们语境相似，改述语句出自提图斯之口，如我在之前讲座中所提到的，这很可能是对提图斯传统品位的精妙奉承。而对于《菲罗克忒忒斯》(*Philoctetes*)，我们则有οὐδὲν ὑγιὲς φρονεῖν[4]，此外，就《特拉基斯少女》(*Trachiniae*)，我们有“afford confidence”(θάρος προξενεῖν，给予自信)[5]，以及“live and flourish”(ζῇ καὶ τέθηλε，生存并繁荣)[6]。

从这位助手那里，我们无疑还可得到关于欧里庇德斯(Euripides)的零星提示。就此，我将仅提及出现在《犹太古事记》较前部分的两个事例。其一，夏甲(Hagar)带着婴儿逃离萨拉(Sarah)，而当流水消退，她将奄奄一息的孩子放在松树下并游荡向远方，如此她便可以避免亲见婴儿死亡(θεῖσα τὸ παιδίον ψυχορραγοῦν，ὡς μὴ παρούσης τὴν ψυχὴν ἀφῇ，προῄει)。[7] 就此，我们明显可以联想到《发疯的赫拉克勒斯》(*Hercules Furens*)第 324 行——安菲特律翁(Amphitryon)说道：“首先杀了我和我的妻子，如此我们可以避免看到那些孩子……他 118
们奄奄一息并呼喊自己的母亲(ὡς μὴ τέκν' εἰσίδωμεν...ψυχορραγοῦντα καὶ καλοῦντα μητέρα)。”我们并不应该在约瑟夫斯的著作中寻找关于欧里庇德斯已遗失戏剧的提示，尽管可以找到。斯托布斯(Stobaeus)保留了一些诗人

---

〔1〕《犹太战争》卷 3，第 153 节：参见《厄勒克特拉》，第 995—996 行。

〔2〕《犹太战争》卷 3，第 212 节：参见《厄勒克特拉》，第 980 行。

〔3〕《犹太战争》卷 3，第 495 页：参见《厄勒克特拉》，第 945 行 ὅρα πόνου τοι χωρὶς οὐδὲν εὐτυχεῖ。

〔4〕《犹太战争》卷 5，第 326 节：《犹太古事记》卷 9，第 118 节；《菲罗克忒忒斯》，第 1006 行。

〔5〕《犹太战争》卷 5，第 66 节：参见《特拉基斯少女》，第 726 行。

〔6〕《犹太战争》卷 7，第 348 节：参见《特拉基斯少女》，第 235 行。

〔7〕《犹太古事记》卷 1，第 218 节。

的《伊诺》(*Ino*)的片段:

when blest by fortune slack not every rein:

(好运相伴,毫不放松:)

when faring ill hold fast to kindly hope

(厄运笼罩,紧抱希望[1])

在他被庞培击败后,当我们在这几行诗中读到亚里斯托布鲁斯时,会看到明显相似的内容,即“尽管他遭遇不幸,但对美好希望依然没有丝毫怀疑”(καὶ πράττων κακῶς οὐδέν ἧττον ἐλπίδος ἀγαθής εἴχετο)。[2]

除去这些与希腊诗歌相似的内容,此中亦不缺少类似维吉尔和其他拉丁语作家著作的语句。我们可以确定,约瑟夫斯对拉丁文学略知一二,他著作中的相关“旧话”,无疑出自他的一位助手,而此人很可能就是我们前面提到的那位诗歌爱好者。不管怎样,在《犹太战争》包含了“索福克勒斯”习语的卷3,此类相似两次出现。犹塔帕塔之劫令人回想起特洛伊之围。从犹太逃兵带回的信息推测出“大概在晨更时分,即在……疲倦的人们轻易屈从于清晨睡眠的诱惑,且哨兵也已陷入沉睡之中的一小时……罗马人悄无声息地进军至城墙之下。提图斯率先登城……他们砍倒哨兵,进入城市”[3]。与在《埃涅阿斯纪》卷2众所周知的一个片段相似[4],在此希腊人拥出木马,“马卡翁(Machaon)一马当先……他们进入了沉浸于睡眠和烈酒的城市,杀死哨兵……此时疲倦的人们正开始休息。”稍后,犹塔帕塔陷落的故事又被带到耶
119 路撒冷,通过谣言,添加杜撰,被夸张展现出来。[5] 这些语句令人联想到维吉尔对农夫的描绘,他们“四散谣言,真假难辨”[6]。

下面我将附加一个非常引人好奇的事例,其间约瑟夫斯,或更确切地说是

---

〔1〕 丁多夫(Dindorf):《片段》(*Frag*),第407页。

〔2〕 《犹太古事记》卷14,第96节;短语 ἀγαθῆς ἐλπίδος ἔχεσθαι 重复出现在《犹太古事记》卷8第214节。

〔3〕 《犹太战争》卷3,第319节及之后。

〔4〕 《埃涅阿斯纪》卷2,第263行及之后。

〔5〕 《犹太战争》卷3,第433—434节。

〔6〕 《埃涅阿斯纪》卷4,第173行及之后,“et pariter facta atque infecta canebat”(tr. Conington)。

他的助手，显然转向拉丁语散文家、历史学家赛勒斯特(Sallust)对反派的描绘。如果我没有判断错误，那么约瑟夫斯给吉斯卡拉的约翰的邪恶形象，部分依据对罗马共和国末期时大反派、阴谋家卢修斯·喀提林(Lucius Catiline)的个性素描。约瑟夫斯对约翰描绘如下："在约瑟夫斯这样指导加利利事务时，一个阴谋家登上舞台，此人为吉斯卡拉当地人，名叫约翰，为李维之子，在所有人中最为寡廉鲜耻和诡计多端，他也因为如此无耻卑鄙而声名狼藉。他在自己事业开始时非常贫穷，而他恶毒的计划长久以来也一直因他的贫穷吝啬而被挫败；他长于欺骗，是一个非常聪明且善于撒谎之人，能够使人相信他大量的谎言……他曾经野心勃勃(ἀεί μέν ἐπιθυμήασς μεγάλων)，依靠最为卑劣的欺诈行为满足愿望……他早已渴求指挥权，且有着更大的野心，只是因为贫穷而无法实现。"[1]在其他地方亦有少许对此人的描绘。[2]"吉斯卡拉民众因李维之子约翰的煽动而发动起义，此人是一个个性极为狡猾的江湖骗子，总是准备着沉迷于宏大的期望且擅长实现它们，所有人都知道，他将身心投入战争为的是获得超级权力。"在这些文段之后，我便要展现对前述那位罗马阴谋者[3]的描述，或其中描述的主要特征："卢修斯·喀提林出身贵族，身心均活力充沛，但却是一个堕落的天才。他自青年时起便一直着迷于内战、谋杀、劫掠、社会不和……他内心胆大妄为，狡猾而不露声色，是一个地地道道的伪君子，对任何事情均虚与委蛇……他精神怪异……曾觊觎于远超自己水平之事……激情使他沉迷于夺取共和国并同时为自己寻得一个王国，而对以何种方 120
法贯彻自己的目的则毫不在意。由于缺少资金并意识到自己的罪行，他狂热的精神日渐剧烈动摇。"这些语句间存在着一些次要的相似之处，但在我看来将上述两段人物描绘联系起来的，是对贫穷的提及——两段中，贫穷均如同牢牢限制住罪犯邪恶计划的栅栏。

如果约翰是我们作者眼中造成自己民族悲剧的反派人物，那么相对应的

---

[1]《犹太战争》卷2，第585节及之后。

[2]《犹太战争》卷4，第85节。

[3] Sallust, *de Cat.conjur.*5.

英雄则是高级祭司亚拿纳。著作中对亚拿纳的赞颂[1],尽管并非很久以前修昔底德[2]对伯里克利之歌颂的复制,但依然令人回想起它们。“亚拿纳,一个无论在何处均怀着敬畏之心且一直正直诚实的人,他出身高贵、地位显赫且荣誉卓著,但依然乐于平等对待那些甚至最为卑微之人。他对自由的热爱无人可敌且热心民主,他无论何时均将公共事业放在个人利益之前,他以维持和平为自己的至高目标”,如此等等。由此,在雅典人渲染高尚英雄形象时,罗马人则提供了邪恶样本。

前面,我试图将我们历史学家著作的部分内容与希腊文学间的关系展现出来——一方面几乎无限制地模仿修昔底德,另一方面则偶有相似于诗歌之处,这使得我们能够发现,并单列出他两个助手各自的贡献。在著作其他部分,我们则很难区别出行文间展现出的渊博文学知识,有多少归因于我们作者自己的阅读,又有多少为其下属所推动。不过他们,除了参考必要的非基督教材料,亦遍寻希罗多德、色诺芬、波利比阿和哈利喀纳苏斯的狄奥尼索斯这些历史学家,以作风格模版,而且为散布在著作各处对演说的叙述,亦遍寻了德摩斯梯尼等演说家。他们尽心竭力遵守贺拉斯的座右铭,即“为自己,你们应当日夜把玩希腊范例”(Vos exemplaria Graeca Nocturna versate manu, versate
121 diurna)[3];而一位约瑟夫斯著作的英文译者,则非常感激他们如此频繁地回望那些大师级人物,因为这使得他所承担的任务不那么单调乏味。

然而相关描写还有另一面。虽然我们的作者自希腊智慧受益匪浅,其行文的华丽修饰和饱满借自希腊语语法、希腊人的思维模式及希腊人的学识,但他依然极为蔑视希腊民族,尤其蔑视那些和他处于同一时代的希腊历史学家。“就原住希腊人而言,”他在《犹太战争》的序言中如此写道[4],“一旦涉及个人利益或诉讼,他们马上便张嘴即来、巧舌如簧,但是当涉及历史,必须真实精

[1] 《犹太战争》卷4,第319节及之后。

[2] 修昔底德:《伯罗奔尼撒战争史》卷2,第65节。

[3] 《诗艺》(*Ars Poetica*),第268—269节。

[4] 《犹太战争》卷1,第16节。

确且要辛苦搜集事实时，他们便闭口不言，将描绘自己统治者功绩的任务留给那些水平低劣且所知不多的作者。我们至少要以历史真实性为荣，因为希腊人将之忽视。”这段话无疑出自我们作者之口，而非出自他那恭顺的助手。我们的作者最少在战时亲近罗马，但却从未喜欢过希腊。然而貌似有一个非常有趣的例外。在亚基帕的鸿篇演说中[1]，有提到“希腊人尽管在生活于太阳下的所有民族中最为高贵……，也已臣服在罗马治安官的六根权杖下”，这并非出自我们作者之笔，而是由我所说的“α”助手所写[2]；著作在此出现显著变化，令人想到上述两者意见发生冲突。我遵循尼斯手稿的“preeminent in nobilit”（προύΧοντες εὐγενείᾳ，高贵超群），但多数手稿则为“reputed to be preeminent”（προύΧειν…δοκῦντες，认为超群），另外这些手稿之一则叙述为“who are reputed *and are* preeminent”（προύΧειν…δοκῦντες καὶ ὄντες，他们声誉优秀且卓越超群），好似那位助手在进行抗议，且在重申关于自己民族骄傲的主张。在其他一些例子中，则有对行文风格和准确性的主张可与之争锋，“是的，你们希腊人的确是无与伦比的行文专家，但行文风格并非一切”—— 122
两者可进行对比，在这一约瑟夫斯助手勉强为之的任务中，我们可以听到两种声音。于是在《驳阿皮翁》中[3]，“所以之后，因为辩论和文学才能，我们必须屈服于希腊历史学家，我们没有理由为古代历史中的真实性这样做”。

昨天，我以赞颂约瑟夫斯为犹太教所做之辩护，即他那被称为《驳阿皮翁》的短篇著作结束了自己的讲座。今天，我将重回我们作者这部精彩且多面的著作，在另一面中结束本次讲座。我们在这部著作中发现，犹太教知识和希腊文明的知识或并肩而立，或相互融合、相互对比。虽然我们作者对犹太教的强烈热爱主导着这部著作，但这种热爱引领他将自己的宗教与其他民族的信仰进行了比较，且因此被带入了希腊文学的一些奇特分支。这部著作在为

---

〔1〕《犹太战争》卷2，第365节。

〔2〕参见《犹太古事记》卷15，第412节，ἔργνο ἀξιαφηγότατον τῶν ὑφ' ἡλί（以及卷4，第114节；卷8，第49节）；还有 τὸν ἥλιον ὁρᾶν（βλέπιν）一句，卷16，第99、108、204节。

〔3〕《驳阿皮翁》卷1，第27节；《犹太古事记》卷14，第2—3节。

犹太教进行辩护的同时,储藏着深奥的希腊学识,并且攻击了希腊人的道德和自负,还将对希腊人缺点的合理批评与对希腊伟大哲学家的优点的欣赏结合起来。重要的不是我们的作者自他人那里收获了多少这类知识,而是他创作出这一令人钦佩的著作已经足够。他的主要对手阿皮翁是一位极为专业的语法学家,所以他也需要“装备精良”。

我将这部著作称为希腊知识的储藏室,因为其间所展示出的相关深奥知识确实令人震惊。我们似乎进入了阿皮翁在亚历山大里亚的文学圈,此间对可疑权威的疑问和古物研究难题均有讨论,而且在此大师们的长处也受到批判。荷马时代的希腊人认识字母表吗?“这是一个争议极大、争论极多的问题,”我们由此著作获知,“无论参与特洛伊战争的那些人是否……使用了文字,更真实且流行的观点是他们对当前的写作方式基本无知。”[1]文中提及了
123 对《伊利亚特》(*Iliad*)中的 σήματα λυγρά,即“baneful tokens”(不详标志)这一短语[2]至今仍争议不断的解释,这一短语应用在导致柏勒洛丰(Bellerophon)死亡的消息中。是荷马自己将史诗付诸文字吗?我们作者自己的回答是否定的,“他们说,即便是他也没有将自己的史诗付之于文字。这些分散的诗歌起初通过回忆口口相传,直到很晚之时才合并起来,而这也造成著作中出现了大量的不一致”[3]。这是经常被引用的权威章句(locus classicus),沃尔夫(Wolf)关于荷马史诗起源的名著创作于 1795 年,其序言便主要依赖于此。与之相似,我们的作者亦知道 νόμος 一词并没有出现在荷马的著作中。“为什么古希腊人恰恰不知道‘法律’(law)这个词。遍观荷马史诗未见。”[4]他知道某一攻击雅典、斯巴达和底比斯(Thebes)的反讽文章,以《三角政治》(*Tripoliticus*)或《三国书》(*Three States Book*)之名为众人所知,该文以赛奥彭普斯之名出版,但并非他亲手所写,而是由他的一个敌人模仿其风格创作,模仿非常成功,以至于使他遭到了普遍的厌恶。[5] 他知道流行的对柏拉图关于共和

[1] 《驳阿皮翁》卷 1,第 11 节。
[2] 《伊利亚特》卷 4,第 168 行。
[3] 《驳阿皮翁》卷 1,第 12 节。
[4] 《驳阿皮翁》卷 2,第 154—155 节。
[5] 《驳阿皮翁》卷 1,第 221 节。

制理想信念的批判,因为柏拉图的高贵品质和雄辩口才,“几乎一直为自称职业政治家的那些人大肆嘲讽愚弄”[1]。此外,通过对手稿错误阅读的准确校订,我们了解到他知道一个姓名不为人知的祭司[被称为尼努斯(Ninus)],此人因介绍他人加入对异域神的神秘崇拜仪式,而被雅典人处死。[2]

除去这些晦涩难懂的暗示,我们在此著作的开始和结尾处,亦看到了对希腊人的自负及其宗教的恰当批评。希腊人作为古物研究者并不可靠,与埃及和东方国家比较起来,他们不过是“昨天的”民族。[3] 他们的土地“经历过无数次灾难,这导致他们关于自己民族过去的记忆毁灭殆尽,而且他们作为一个继承了其他文明的文明,和每个新时代的人们一样,均相信世界自他们开始。他们较晚认识字母表,并发现相关课程很难”[4],如此等等。历史学家间的矛 124
盾,部分要归因于其对公共档案的忽视,部分则归因于他们重视风格多过准确性。[5] 他们自己的记录,“仅为依据他们作者之幻想即兴所做的故事”[6]。而在著作结尾[7],我们看到约瑟夫斯为自己对竞争宗教进行相互比较(对手逼迫他所致)而致歉,看到他严厉谴责了粗俗邪恶的希腊观念,在此处,我们作者亦展现出对整个希腊神话的了解。造成这些错误观念的原因,可追溯至立法者对宗教的忽视,以及给予诗人和艺术家的特殊许可,同时我们作者主张,柏拉图及其他伟大哲学家的高端观念均源自犹太教,他们实际上为摩西的信徒——斐洛及其前辈之前已经如此主张。[8]

前述争论详尽缜密且持续良久,抨击与答辩旗鼓相当,即使语言表达并非全部出自作者自己,但表达的观点的确属于他。如果说我自为他助手的利益请命开始,那么我必须以对约瑟夫斯的认可来结束,即承认他成功实现了自己专注希腊文化的主张,并为我们生动描绘了希腊文化的优缺点。

---

[1] 《驳阿皮翁》卷2,第223节。
[2] 同上,第267节。
[3] 《驳阿皮翁》卷1,第7节。
[4] 同上,第10节。
[5] 同上,第15节及之后。
[6] 同上,第45节。
[7] 《驳阿皮翁》卷2,第237节及之后。
[8] 同上,第168、257节。

125 # 第六讲　约瑟夫斯与基督教

在接近本讲主题时，我心中充满了踌躇与疑惧。这一问题在多个地方充满争议，而且由此产生的关键性问题的难度，亦远非一般问题可比。我并不情愿进入这一课题，主要因为意识到过去自己的观点一直起伏波动，其中几点甚至至今依然无法确定。但尽管我仅有极少数有助于讨论此课题的新观点，但想要完全避开此课题却基本不可能。

我们拥有的证据，可被称为既古老又新鲜，即所谓的弗拉维的证据——《犹太古事记》卷 18 中关于基督教创建人的著名叙述。此段内容与该著作中的其他两段同类型文段一起，长久以来一直陪伴着我们。尽管学者们就此类证据的权威性远未达成一致，但他们在过去数个世纪里，几乎争论过所有可以想到的关于这一问题的观点，以至于不太可能有任何新的相关争论产生。

但是在最近的 25 年，我们在其他方面发掘出一些新证据，即一些存在于斯拉夫版《犹太战争》中，关于施洗者约翰、耶稣和早期基督徒的奇特叙述。这些关于基督教的提示，在 1906 年被已故布伦特斯博士翻译于哈纳克的《文本与研究》中。[1] 布伦特斯博士在去世前，完成了斯拉夫版《犹太战争》前四卷内容的德语翻译工作，目前格拉斯教授已经开始编辑此部分译著[2]，但之
126 后的三卷内容，依然亟须翻译。斯拉夫版《犹太战争》中的难题，与《犹太古事记》中弗拉维的证据的相关问题所面对之困难相似，但更加富有争议。布伦特斯在他最早发表的著作中提出了自己的试验性理论，即约瑟夫斯为他的东方读者所创作的斯拉夫版《犹太战争》，可能为我们保存下了该著作真正的最

---

〔1〕《新结论》(*Neue Folge*)，第 14 页。

〔2〕布伦特斯-格拉斯(Berendts-Grass)；《弗拉维 · 约瑟夫斯从犹太战争(卷 1—4)到德国出版的斯拉夫译本》，多帕特，第一部分，1924—1926 年；第二部分，1927 年。

初原稿，但这一理论受到舒尔的嘲笑[1]，而且也几乎没有学者认真对待。不过有一位学者却全心全意地支持布伦特斯，即罗伯特·艾斯勒博士，他的观点，目前(1929)已经发表在一部他曾长时间积极参与的著作中。[2] 在我有幸被邀请发表当前这些演讲前不久，艾斯勒博士特别准许我查看了他处于初创期的著作的大量内容。由此，我发现自己陷入困境。即使得到了作者的首肯，我也很不乐意使用尚未公开发行的材料[3]，此外，我最近深深受到艾斯勒的影响，以至于自己已无法形成毫无偏颇的意见。不过我必须承认，我虽然在向这位杰出的学者学习，但对他的革命性观点还远没有达到信服的程度。在这样的背景下，我计划将自己的论述，主要限定在《犹太古事记》中那古老且又老生常谈的文段，另外仅略微提及前述新近的未经证实的领域。这两部分内容可分别独立探讨，而我将不会尝试去对“用晦涩之语解释难懂之题”进行解读。

我将从对三个相关要点展开初步观察开始，这三点分别为约瑟夫斯获得正确信息的机会、造成他写作时言不尽意的外部环境，以及他的著作对基督徒窜改应付的责任。

首先，对于耶稣一生及其离世的主要事实，约瑟夫斯不可能完全不知。对他而言，之前大概已经说得差不多，如在对使徒保罗的审判中[在非斯都(Festus)和国王面前展开]，保罗便对他的朋友亚基帕说：“我被说服，相信这些事 127
情没有一个可以瞒过他，因为此事并非在暗中进行。”[4]但是这些信息，可能是他早先在巴勒斯坦生活时获得的，全部源于道听途说，很可能受到过窜改且不完整。他于公元 64 年初次访问罗马时，也不会听到多少关于基督徒的真实信息，因为那一年基督徒们受到诬告，被控要为当年的大火负责。此外在巴勒斯坦，耶稣的追随者们还未拥有相关文字记录，更别说可能拥有他们主的语录

---

[1] 《神学文学杂志》(*Theologische Literaturzeitung*)，1906 年，第 262—266 栏。

[2] 温特(C. Winter)：Ιησους βασιλευς ου βασιλευσας，第 1—18 册，海德堡(Heidelberg)，1928—1929 年。

[3] 也就是在 1928 年，这些讲座就发表了。

[4] 《使徒行传》第 46 章，第 26 行。

集和另一关于主早年经历之事的文集——这些事应验了《旧约》中的预言。另一方面,自然必须考虑获得约瑟夫斯在罗马生活的20年间的全部详细信息(他主要的两部著作便在这段时间内完成),当时可用到那些文档。尽管我们这位犹太历史学家可能从来都不会看,但它们却为几乎所有基督告密者所知,而他则可能与这些人有所接触。当《犹太古事记》于公元93年出现时,依据可靠惯例,为罗马基督徒所写的《马可福音》(*the Gospel of Mark*)正在流传,同时另一位福音传播者路加,则在罗马刚刚创作了关于主一生及早期教会历史的叙事著作。回忆同时在罗马工作的三位历史学家非常有意思,他们分别是《犹太古事记》的作者约瑟夫斯、大有前途的罗马帝国史学家塔西佗,以及级别较低的初期教会编年史作家路加,而后两者则曾被认为表现出了他们对前面那位犹太历史学家的依赖。塔西佗是普林尼和约瑟夫斯之外,最早提及基督和基督徒的非基督教作者[1],依据一些权威,我们可以相信他的相关信息
128 摘引自著名的"弗拉维的证据"。路加则被认为曾经粗略阅读过《犹太古事记》的最后几卷,但在我看来这依据不足。近代的一位作者提出,《使徒行传》与《犹太古事记》间假定的联系,可由福音传播者曾经听到而非阅读过《犹太古事记》进行解释。教士斯特里特(Canon Streeter)写道,约瑟夫斯"在《犹太古事记》出版前的十年间,当然会不时朗诵这部著作的部分内容。时髦的罗马上流人士,在陪伴他们贵族朋友朗诵时感觉受到礼节束缚,但像约瑟夫斯这样的新贵则极度热心于此,以至于不会与路加这样的卑微人物一起将次要座位挤满"[2]。我不认为他这样做过,或者如果他这样做了,我也不会认为他会通过匍匐在路加脚下来回谢赞美。但不管怎样,路加还是有可能见过约瑟夫斯或阅读过他的著作,再或者见过其他一些阅读过他著作的人。

我认为,从这些按时间顺序排列的原因中,可以得出两个推论。其一,任何可能的曾经在约瑟夫斯前期著作《犹太战争》中出现过的对基督教的提示,

[1] 《编年史》卷15,第44节,"尼禄为辟谣,便找到这样一类人作为替罪羊,用各种残酷至极的手段惩罚他们……群众则把这些人称为基督徒。他们的创始人基督,在提比略当政时期,被皇帝代理官彼拉多处死",如此等等。

[2] 《四福音书》(*The Four Gospels*),第558节。

都不能因为粗糙且存在错误而被判定为随意之作。其二,任何出现在约瑟夫斯后期著作《犹太古事记》中的此类提示,均不能以其近似于某一基督教信条这一唯一的理由,而宣布其为窜改添写内容。

其次,之后,信息已经几乎唾手可得,仅有好奇心可引领约瑟夫斯探寻基督教这一已经在宫廷上层中赢得信徒的宗派。基督徒甚至早在还是年轻人的约瑟夫斯初次访问罗马时,便已经在那里立足,尽管是在下层之中:“属于恺撒家庭的他们”,通过圣保罗向遥远的教会发去了问候。[1] 而到此时,这一新宗教迅速渗入最高层,甚至在皇帝近亲中赢得皈依者,即那些与我们历史学家一样被授予了“弗拉维”之名的高贵者——这也使得他们身处险境。知道这一事实是一回事,而在著作中提及他们则完全是另一回事——危险是不是大到必须完全沉默?在图密善的统治之下,犹太人与基督徒并未被细致区分,他 129
们受到相同的歧视,但在此时,对于基督徒和犹太人受到迫害,除初期可能有、最后一年确定有外,便再没有确凿的相关证据。图密善在自己统治的最后一年(即95—96)兽性大发,被处死的人中就有他的嫡表兄、前执政官弗拉维·克莱门斯(Flavius Clemens),而这位前执政官的妻子弗拉维·多米蒂娜(Flavia Domitilla)及皇帝的侄子均被放逐,因为他们被控“不信神”(atheism),换句话,如尤西比乌斯所说即为“因见证了基督”。[2]这些事件很可能会打消某位胆量大过约瑟夫斯的人发出任何声音的念头,因为这样的念头,会被构建为对上述新运动的同情。但是,实际上,注意到第一版《犹太古事记》在两年前已经发行了非常重要,即我们要注意到它在公元93年至94年,图密善统治的第13年出版一事。[3] 弗拉维的证据这样的叙述可能会有将其作者暴露的危险,不过这样的危险没有激化,图密善自己在前述的爆发后没多久便离开人世,而在皇帝涅尔瓦(Nerva)的统治下形势发生了变化,于是相应的删除工作便变得没有必要。之前记录图密善涉及基督教的活动,对我们的历史学家来

---

〔1〕《菲罗克忒忒斯》卷4,第22行。

〔2〕尤西比乌斯:《教会史》卷3,第18节;梅里韦尔(Merivale):《罗马帝国》(*Roman Empire*)第7章,第152页;莱特福特:《腓立比书》(*Philippians*)(第1版),第22行,以及《使徒教父》(*Apostolic Fathers*)第一部分,卷1。

〔3〕《犹太古事记》卷20,第267节。

说似乎是无伤大雅、简短乏味地提及了他很难忽略的事实。在由韦斯巴芗于早先开始的追查活动中[1]，如赫格西普斯(Hegesippus)告诉我们的[2]，图密善下令灭绝任一宣称自己承袭了主的兄弟大卫血统的人，于是犹大的一些孙子被带到他跟前，但当他发现这些人仅为普通劳动者，且并非在寻找一个世间王国后，便将这些人释放，并颁布法令禁止迫害教会。在这些情景之下，约瑟夫斯很可能期待自己会无罪过关，且可以有所偏向地提及“所谓基督”的兄弟雅各遭谋杀之事。

130 最后，余下一点更为基础，即我们作者的著作对基督徒窜改的责任，以及任一这类窜改的本质，对此，我相当期待有所发现。约瑟夫斯这位犹太历史学家的著作之所以能够流传于世，主要归功于基督徒而非他自己的同胞，但是他首先要感谢自己在罗马的赞助人，此人使得他的著作获得了位居公共图书馆的荣誉[3]，而对基督徒的感谢则要在随后。基督徒抄写员偶尔会在我们现有手稿的页边注释中，留下他们自己的显著标记，不能否认他们有可能冒险，甚至我们大概可以进一步说，他们会无所顾忌地改变敌视基督教文章的行文，尤其在基督教成为国教之后，他们甚至可能会窜改、颠倒这类文章的性质。但是对此我们可以提出两条建议。其一，像有些评论家所做的那样，即争辩称基督徒主要因所谓关于耶稣的内容而保存了约瑟夫斯的著作，但同时又对之窜改，这毫无逻辑可言，不合常理。他们可能窜改了著作行文，但如若他们是因为约瑟夫斯的著作提及了一些关于基督的信息而将其保存，那他们也一定是在其中发现了一些至少部分赞同的内容。其二，基督徒的任一窜改，均很有可能因自己的风格和内容露出本来面目，而页边注释的基督教起源，也是一清二楚。对伪装在相关历史学家外表下的作者，以及通过认真研究相关作家进而竭力以自己的创作冒充对方的作者，我们绝不可期待能发现他们所做的任何伪造品有精妙艺术性。在古代，伪造这类技巧并非不为人知，但成功的却屈指可数。我在上一讲所提及的“修昔底德学家”，严格来说与之并不相同：“修昔底

〔1〕 尤西比乌斯:《教会史》卷3，第12节。

〔2〕 同上，第19—20节。

〔3〕 同上，第9节。

德学家”进行模仿，但目的并非冒充模仿对象的模式。最为引人注目的例子是约瑟夫斯自己提到的一部著作[1]，即一本攻击雅典、斯巴达和底比斯的小册子，名为《三角政治》或《三国书》，该著作由赛奥彭普斯的对手阿那克西米尼（Anaximenes）模仿其风格创作而成，并以其名出版。模仿非常成功，以至于因为这部著作塞奥彭普斯遭受了普遍责难。但是一般的基督徒抄写员缺乏这类创造天赋，而且任一典型的约瑟丰式语句、任一用于非基督教观念的词语，131
以及任何与正统基督教信仰背道而驰的叙述，均有被认为是真实的先天要求。

此时，尽管《犹太古事记》卷 18 中关于基督教奠基人的两篇著名文章的真实性，大概依然存在讨论余地，但毫无疑问，约瑟夫斯在此处坦诚且适宜地提及了与耶稣基督关系极为密切的两人，即他毫无疑问地提及了施洗者约翰，以及“被称为基督之耶稣的兄弟”的雅各［或《新约》所说之“主之兄弟”（the brother of Jesus）］。约瑟夫斯自己确实没有将施洗者与基督教运动联系起来，但两者活动相似之处如此之多，以至于他对其中一方的态度，在一定程度上，可能不会不被公平地认为是他对另一方态度的表述。施洗者这位基督教先驱与耶稣间的联系，被牢固树立在基督教文档中，但却被忽视，不管怎样，对我们当代那些认为此两者间竞争不可调和的理论，约瑟夫斯没有给予任何支持。在我看来，这两篇关于施洗者与雅各的文章的真实性毫无疑问，而且相当有趣。

就所述两者中的前一人[2]，约瑟夫斯记述道“别名施洗者的约翰”，被主公希律·安提帕斯囚禁、谋杀。他在讲述相关故事时，显然没有考虑时间顺序：刚刚提及发生于公元 36 年的事情，接着马上便转至提比略去世及彼拉多被召回时及稍后。安提帕斯爱上了自己兄弟希律之妻希罗底（Herodias），并计划与她举行秘密婚礼，与自己的前妻，亚哩达（Aretas）之女离婚。这位受到伤害、满腹委屈的女士揭露了安提帕斯的密谋，并逃到自己父亲那里。自己女

[1] 《驳阿皮翁》卷 1，第 221 节。
[2] 《犹太古事记》卷 18，5.2（第 116—119 节）。

儿受辱,加上双方的边境冲突,导致亚哩达掀起了一场将小主公军队切为碎片的战斗。

132 约瑟夫斯之后继续叙述:“然而一些犹太人认为希律的毁灭是神所为,他们由此要求非常公正地给予别名为施洗者之约翰以果报。希律杀死了约翰,杀死了一位要求犹太人通过公正对待彼此及敬神来培养美德并如此达成洗礼的虔敬善良之人,他说对神而言,为救赎特定罪行而实施的洗礼不可接受,唯有在灵魂已被正义完全净化时,实施净化躯体的洗礼方才被视为可接受。现在,当人们[1]因非常乐于[2]聆听他的教诲而聚集在他周围时,希律便因自己对众人思想所产生的巨大影响力而感到恐惧,希律认为自己的影响力有可能导致某种形式的反抗,因为人们似已做好依据他的意见做任何事情的准备。先发制人,将其杀死,似远优于在陷入暴乱造成混乱后,做事后的悔恨。由此,希律凭借自己的怀疑,将约翰囚禁在马卡鲁斯城堡,并最终在那里将其处死。因此犹太人认为希律军队的毁灭,是神为约翰雪耻而故意对希律实施的惩罚。”

这一文段的措辞语法,使约瑟夫斯为写作《犹太古事记》此部分而雇佣的廉价文人的明显标志暴露无遗。他对折绕语的喜爱,被一些事例阐明,如使用“come to”(参加)或“consort with”(陪伴)洗礼这样的语句代替“be baptized”(被洗礼)[3],以及通过运用奇特陌生词汇进而避免使用“punish”(惩罚)、“kill”(杀死)及“sin”(有罪)等普通词汇[4];在《犹太古事记》的这部分内容中,还可发现其他一些为此处独有的词汇[5]。写作者为秘书,提白者为约瑟夫斯。

---

〔1〕 手稿为 τῶν ἄλλων,尼斯读为 τῶν ἀνθρώπων。

〔2〕 尤西比乌斯读为“delighted”(兴高采烈的),手稿则为 ἤρθησαν。

〔3〕 Βαπτισμῷ συνιέναι.

〔4〕 τινυμένου,其他仅卷 17,第 60 节(类似于神圣复仇);还有 κτίννυται,卷 15,第 118 节,卷 17,第 182 节,卷 18,第 99 节;άμαρτάς(爱奥尼亚语为 άμαρτία),《犹太古事记》卷 18,第 350 节,以及《犹太古事记》卷 3,第 204 节等。(参见第 221 节,在卷 3 第 238 节有相同的语句 ἐπὶ παραιτήσει ἁμαρτάδωνiii.)无疑出自同一人之手。

〔5〕 ἀκρόασις,φέρειν ἐπί τινι,“导致一些事情”,参见《犹太古事记》卷 27,第 354 节;卷 18,第 128、169 节;卷 19,第 61、242 节。τοσόσδε 是他助手的特征。

我们的作者没有明确声明他赞同犹太民众的意见，但他称颂约翰为“一位虔敬善良之人”（a good man），且在描述约翰布道时显示出对这位受害者的同情。我没有看到可质疑 ἀγαθόν 一词的理由，我朋友艾斯勒博士将这一词视为基督徒对最初之 ἄριον 的修正——鉴于斯拉夫版《犹太战争》所含有的不同施洗者形象，艾斯勒博士据此经常称呼约翰为“狂热的人”。 133

这里的阐述，与福音书的相关叙述并无矛盾，与其说它在否定，不如说它在补充。其间提到的小王与自己兄弟之妻通奸的故事，与施洗者约翰的死刑相关联，但并非直接原因。

在第二篇文章中[1]，我们得到了关于雅各，即“被称为基督的耶稣的兄弟”之死的叙述。在福音书的叙述中，刚被任命为大祭司的亚拿纳，即大祭司亚拿纳或亚那（Annas）之子，与审判耶稣并判处耶稣有罪的该亚法（Caiaphas）有联系，他抓住公元 62 年地方行政长官职位空缺的短暂机会，在经过犹太公会循例的敷衍审判后，将受他父亲侵害者的同父异母兄弟，也是他自己强有力的竞争对手处死——此人在耶路撒冷的古老犹太教会中占据突出位置，独领风骚 20 多年。

该文如是写道：“听闻非斯都的死讯，恺撒马上派出阿尔比努斯（Albinus）前往犹地亚担任总督。与此同时，国王亚基帕二世将出自高级祭司家族的约瑟夫免职，并任命亚拿纳之子继任——此人亦名为亚拿纳。”在对老亚拿纳与众不同的人生经历进行评论后（此人有五子，且五子均成为了大祭司），约瑟夫斯继续道：“此时小亚拿纳接管权力。如我们所述，此人是鲁莽且极为大胆之人，为撒都该派追随者，且如我们前面所述[2]，他在案件审判中比任何犹太人都残酷无情。之后，天性如此的亚拿纳，认为自己得到了绝佳机会——非斯 134
都已死，而阿尔比努斯却还在路上，于是他召集犹太公会，庭审被称为基督耶稣之人的兄弟（名为雅各）和其他一些人，并在指控这些人违背律法后，判处

〔1〕《犹太古事记》卷 20，第 197—203 节。

〔2〕之前没有关于这一影响的确切叙述，但可参见《犹太古事记》卷 13，第 294 节，“法利赛人（反对撒都该人）因为天性而在惩罚上心怀仁慈”。

他们石刑。但是有些人,即被认为是市民中最为温和且严格遵守律法的人,对此行径极为愤怒,他们派遣使者觐见国王,祈求他在未来抑制亚拿纳的类似行动,如同他最初的那一命令并不正确。此外,他们中的一些人前去面见自亚历山大里亚出发但还在路上的阿尔比努斯,并指出亚拿纳未经其同意便召集犹太公会举行会议[1],完全违法。"结果是亚拿纳不仅受到阿尔比努斯的训斥,还被亚基帕免去职务。

这段叙述的风格,没有显示出任何窜改痕迹。其间没有前述那位抄写员标志性的矫揉造作,因为他并没有为卷 20 内容的创作提供服务;但是此间的语言与口气,尤其是法利赛派对严肃的撒都该派的尖刻提及[2],均为彻头彻尾的约瑟丰式。[3] 最为主要的学者,甚至极具怀疑精神的评论家艾斯勒博士,均接受了这一陈述的真实性,但还有其他一些人,包括舒尔,则对其真实性提出了质疑。据我所知,到目前为止,这些评论家竭力坚持的唯一原因是奥利金的证据,奥利金提出在他所处的时代,可能流传着另一份约瑟夫斯的手稿,其中这一故事受到基督徒的窜改。奥利金不止在一篇文章[4]中提及约瑟夫斯的一段叙述,即雅各被谋杀是导致耶路撒冷被毁的原因,并表达出他无比惊
135 讶于一个如此公正为雅各作证之人,却拒绝接受耶稣为基督。现在,我们有了一个更为全面但可能性较低的关于义者雅各的基督徒的叙述,由公元 2 世纪的作者赫格西普斯给出[5],其中如此描述,这位受害人先被人从圣殿屋顶扔下,接着遭受石刑直至被打死,最后这一故事以"很快他们便遭到韦斯巴芗的围攻"一句结束。奥利金看似错将真实作者为赫格西普斯的著作,归给了约瑟夫斯。将两个相似的名字弄混很自然,并非仅他如此,实际上,流传到现在的约瑟夫斯著作公元 4 世纪拉丁语本,便同样署以赫格西普斯之名。真正的

---

〔1〕 或者说是宣判死刑,参见舒尔:《耶稣基督时代的犹太人历史》(第三版)卷 2,第 209 页。

〔2〕 对他们粗糙的方式,参见《犹太战争》卷 2,第 166 节。

〔3〕 一个习语,βαρέως φέρειν(201 节),是著作这一部分的特点,参见《犹太古事记》卷 20,第 60、94 节;《自传》,第 50、189 节;其他参见《犹太古事记》卷 18,第 241 节。

〔4〕 在《驳克里索》卷 1,第 47 节;卷 2,第 13 节。《〈马太福音〉评注》卷 10,第 17 页(《马太福音》卷 13,第 55 行)。

〔5〕 《驳阿皮翁》,参见尤西比乌斯:《教会史》卷 2,第 23 节。

约瑟夫斯，在传统文本中，将雅各被谋杀的时间定在战争爆发的四年前，并且发现两件事之间没有联系。如奥利金所宣称的，约瑟夫斯没有对雅各的正直公正进行颂扬，对雅各的提及只因其为众多受害人之一，仅此而已，再无其他。基督徒窜改了相关文段，注意到此更应该受到赞扬。[1]

实际上这篇文段还呈现出其他问题，但我认为这些均不能对它的真实性造成影响，此外，据我所知，相关评论家也并没有着力强调这些问题。最令人惊讶的是文中给出的亚拿纳的形象：几乎没有人会在此前对他的描绘，即通过他是"鲁莽且极为胆大之人"，趁着罗马行政官空缺之机将自己在宗教上的对手清除的描绘中，认出他便是犹太战争中那位以维护与罗马和平关系为自己终极目标，且被赞语言与伯里克利水平相当的殉道英雄。[2] 然而在之前和之后的著作中，这不是我们作者对人物态度不一致的唯一例子：他与亚基帕及希律家族的关系，亦在一段时间里变冷。而且，约瑟夫斯自己还曾经遭受过这位"大胆的"亚拿纳的攻击，即他曾经诱使人们投票支持他免除约瑟夫斯在加利利的指挥权[3]，约瑟夫斯此时将自己对那段早期时光的解释，书写为《犹太古事记》的附录，过去的记忆有可能引起怨恨。此外，对亚拿纳之行动感到愤怒的这些法利赛人又是谁（非常明显这是以温和且严格遵守律法而闻名的市民有意为之）？在这些我们于《使徒行传》中读到"被认为法利赛派"的人中[4]，雅各会有许多朋友，尽管这些人在数年之前，没能说服他同意强制要求非犹太人皈依者实施割礼，并全面遵守《摩西律法》。这些人肯定会进行抗议，但在此还不能直接看到。反对行动升级，据说是由于亚拿纳采取了专横且非法的行动，并非因对任一特别受害者的同情。 136

然而我们的作者显然同情"温和派"，而且没有显示出对"被称为基督之人"的兄弟有任何敌意，这恰如我们可从其他文章推断出的，即施洗者吸引着犹太人成群结队前去聆听他的教诲，以及对希律的偏见——他被认为受到了

---

[1] 莱特福特：《加拉太书》（第十版），注释366。
[2] 《犹太战争》卷4，第319节及之后。
[3] 《自传》，第193节及之后。
[4] 《使徒行传》第15章，第5行。

“非常恰当的惩罚”。

这两篇文章令我们有所推想，即认为自己可在其他地方找到对基督教运动创建人，即“被称为基督者”的深层次提及。相关短语自身便可使人想到一些更深层次的叙述，甚至普通读者对之亦应该会有所期待。

因此我将转向《犹太古事记》卷 18 中那篇著名且极具争议性的文段。[1] 该文段相当之短，足以在这里进行重复，所以下面的内容你们将非常熟悉：

“耶稣大概在此时出现[2]，他是一位富有智慧的人——如果他确可被称为一个人的话。因为他是一位行动惊人的实干家，是一位乐于接受事实的人类导师，他为自己争取到许多犹太人，以及许多希腊人（民族）。他是基督。在对我们中一些重要的人的控告中，当彼拉多判决对他施以十字架刑罚时，那
137 些最初热爱他（或者更确切地说对他‘感到满意’）的人，之后并没有停下来；因为他在行刑三天之后再次复活并现身在他们面前，神圣的先知们在之前已经预言了这些及其他数以万计与他有关的奇妙之事。甚至到此时，以他名字命名的基督徒部落[3]，亦并没有灭绝。”

很少有几行的内容，能够像上述这些语句那样引起如此之大的争议。这些语句所呈现出的问题极为困难，争论双方实力势均力敌。在从尤西比乌斯开始，至公元 16 世纪间约 1200 年的时间里，基督徒一直在毫不怀疑地接受、珍视这些语句，视这些语句为其信条的主要篇章的外部证据——尽管给出的证据很可能非常勉强。随后而来的是批判考证的时代。在公元 15 世纪，知识界普遍不认为基督徒将整篇文章窜改。而最近，经常出现的情况是，人们对此问题亦开始摇摆不定，第一等级的权威学者，如身处英国的伯基利教授[4]和

---

〔1〕《犹太古事记》卷 18，第 63—64 节。

〔2〕或“出生”（γίνεται）。

〔3〕或“团体”（φῦλον）。

〔4〕在《神学期刊》（*Theologisch Tijdschrift*，莱顿），1913 年，第 135 页及之后。他的同事 W.埃默里·巴恩斯（W.Emery Barnes）教授亦如此，参见《约瑟夫斯关于耶稣基督的证据》（*The testimony of Josephus to Jesus Christ*），伦敦基督教知识普及协会（London S.P.C.K.），1920 年。

身处德国的哈纳克教授[1],宣称其真实可信,所以此时有着全部或部分恢复其名誉的趋势。但此时对立一方也并非没有令人敬畏的学者,如著名的舒尔、诺顿[2],以及最近身在我们此时所处这个国家的泽特林教授[3]。谁来决定在哪里诊治诸如此类的不一致?

我对于是否要表达进一步的观点犹豫不决,但此时我已经被引导着抛弃了自己以前的意见,即现在我已不再认为基督徒窜改了所有相关内容。虽然那一理论的论据非常有力,但对我来说相对一方则更胜一筹。语言证据对我来说是关键性证据,它一方面显示出我们作者的风格标志,另一方面则与基督徒会使用的那类语言不太一样。如若相关语言行文全部属于约瑟夫斯不可信,那么至少其内核属于约瑟夫斯是确实可信的。我们要么接受我们作者刻 138
意概括、模棱两可、自视清高,甚至暗含讥讽的完整叙述,要么如我那样在艾斯勒博士的影响下,开始相信约瑟夫斯的著作遭到基督教审查人员审查,由此我们现在得到的仅为曾经非常全面且更加对立段落的残片。在后一情况下,我们无法期望能准确恢复原始文献,而在前一情况下,我们则只能说我们作者曾经心不在焉地被这位“救世主”的品格吸引,这位“救世主”的追随者们表现得极为不屈不挠。诸如此类语言提出了少许更加贴近基督教的知识,但约瑟夫斯最后一部著作中对犹太教热情洋溢的赞颂却又在妨碍这类观念。

接下来我将转向细节,并一定竭力简略概括各种支持及反对论点——通过数个世纪的争论,我们中的绝大部分对这些论点已经相当熟悉。首先,我们将着手外部证据,之后再着手内在证据,后者分属在三个题目之下,即语境、风格类型及主题。外部证据和来自语境的论据,是两个对辩护一方损害最大的项目,所以我将其置于最前面。

这些自公元12世纪以降没有过实质变化的文段,不单存在于我们现有的

---

[1] 参见《国际科学与技术月刊》(*Internat.Monatsschrift f. Wissenschaft und Technik*),1913年,第1037页及之后。

[2] 参见《新古代阶级年鉴》(*Nexe Jahrbücher f.d.klass. Altertum*)第31册,1913年,第637页及之后。

[3] 参见《犹太评论季刊》新丛书(*Jewish Quarterly Review*, new series)1928年1月第3期,卷18,第231页及之后,“约瑟夫斯关于基督的文段”。

所有手稿中,早在公元4世纪时其便以现有的形式存在——尤西比乌斯曾不止一次引用过。[1] 但到此,困难开始出现。在尤西比乌斯以前,无法追查到它们存在的确凿痕迹,这样的空白缄默令人惊讶。诉诸沉默论证(*the argumentum e silentio*)通常可靠性不足,然而人们依然可能认为早期基督教的辩护者,会引用这些受欢迎的证据。但实际上我们不仅只有这一负面证据。在尤西比乌斯写作时,基督教已经成为国教,君士坦丁大帝(Constantine)对非基督教文献强制施行的审查制度,引起人们怀疑他所拥有的约瑟夫斯的著作
139 是否曾被窜改。如果我们再向前追溯一个世纪,即回到上述这些情况出现前的时代,似乎便可证实这样的怀疑。于公元3世纪上半叶间写作的亚历山大里亚的奥利金,在他的约瑟夫斯著作中发现了关于施洗者约翰和雅各的实实在在的提示,但他不仅没有引用与"基督"有关的文段,而且对这类语言文字的运用,也使得我们实际上不可能去推想他知道以当前形式显现的此著作。奥利金的长篇巨著流传到我们手中时,仅剩下一个片段,我们不能因为他的沉默,便争论说他知道约瑟夫斯著作中没有涉及耶稣,他那已经佚失的评论文章,会为这类的引证提供其他一些机会。但我们怎么才能将我们现有文献中的言语,即"This was the Christ"与之后的叙述调和呢?"奇怪的是,"奥利金写道,"尽管他(约瑟夫斯)不承认我们的耶稣便是基督(did not admit our Jesus to be Christ),但他却毫不吝啬于证实雅各有多么公正正直"[2],以及另一类似语句"disbelieved in Jesus as Christ"(尽管他不相信耶稣即为基督)[3]相协调?这为反对问题中的四个词的真实性提供了强大的论据,必须予以足够的重视。但是我们依然有疑问,即奥利金在其文献中,究竟发现了什么能够导致如此积极的断言?此外,他对约瑟夫斯的提及也非常奇怪。他争论说尽管约瑟夫斯将耶路撒冷的陷落归因于雅各被谋害,但他更倾向于将之归因于耶稣遭受十字酷刑。但是如之前所见,约瑟夫斯并没有这样叙述雅各之死,就此,奥利金要么是将约瑟夫斯与赫格西普斯搞混了,要么是使用了我们这位历史

---

〔1〕 尤西比乌斯:《教会史》卷1,第2章;*Dem.evang.*iii. 5, 105.

〔2〕 《〈马太福音〉评注》卷10,第17页。

〔3〕 《驳克里索》卷1,第47节。

学家遭到基督徒窜改的著作文本。在这一情况下,他的证据便不再可信:我们如何解释其他相关内容?最初的推论认为所有关于基督的文段均在奥利金与尤西比乌斯之间的时间,即君士坦丁大帝时代慢慢遭到基督徒的窜改。但依然有问题未被解答,即奥利金是从何处了解到约瑟夫斯"disbelieved in Jesus as Christ"?单凭关于雅各文段中的一句"the so-called Christ"(所谓的基督),似乎很难充分解释如此武断的主张。更恰当地,我推断出他应该在约瑟夫斯 140
的著作中,确实发现了一些关于耶稣的叙述,但这些语句的形式,不是流传到我们手中的语句所有的形式。

接下来我将转向内在证据,第一个要论及的是语境,其不能被孤立视之。作为一个整体,乍看下,人们亦会对其真实性产生怀疑。相关段落似乎将叙述思路打断,一系列的暴乱和动荡(θόρυβοι)构成了处于这一点的框架结构。两次动荡在前,之后又有两次或三次发生。我接触到的第一次动荡,发生于彼拉多统治之下,他将关于皇帝肖像的相关规范引入耶路撒冷,并威胁犹太请愿者"他们若不停止骚乱"(《编年史》卷17,第55—59节)便要面对死亡;第二次动荡,在彼拉多为自己的建筑目的将圣殿宝藏占用时发生,他的士兵平息了这次骚乱——"于是如此暴乱被镇压"(第60—62节)。第一次事件发生于公元26年,即彼拉多上任第一年时;第二次事件则发生于此后十年间,即从彼拉多上任后,到他于公元36年被召回间的某个时间。之后接踵而至的是关于基督的文段(第63节及之后),其后紧接着的便是第三次动荡,这是一次双重动荡——发生在罗马的两次诽谤,分别导致埃及丰饶女神伊西斯(Isis)的祭司遭受十字架酷刑,以及犹太人遭到放逐(第65—84节)。塔西佗[1]将这些事件发生的时间,确定在公元19年(应该注意到约瑟夫斯著作中对时间顺序的背离)。最后是我们了解到的第四次动荡,即发生于撒玛利亚之导致彼拉多于公元36年被召回的那次动荡(第85—87节)。名词θόρυβος或动词θόρυβεῖν,在这四次动荡的每一次中均有出现,其中第三次的开头语,即"差不多与此同时,另一灾难令犹太人深深不安",看似直接与第二次动荡联系

---

[1] 《编年史》卷2,第85节。

着,没有给我们与这一系列事件没有关系的文段留下任何空间。基督教运动无疑本身就是一场θόρυβος,而且是所有动荡中最大的一次,只是我们现有的文献并没有这样描述。这一论证极受重视,诺登极力倡导,将之视为支持全部
141 文段均遭窜改的具有决定性意义的证据。但是认真说起来,这一反对并非不可克服。约瑟夫斯,恰如上述这些文段所显示的,是一个拼凑型作者。在上述文段中,他,或可能是另一位早先的权威人士,未按时间顺序将两个没有联系的系列暴乱串联起来,其中之一发生在巴勒斯坦,与犹太人有关;另一则含有两次发生于罗马的宗教动乱,但其中之一与犹太人无任何关系。对于因关键词 θόρυβος 而在整体上产生的一致,是由于约瑟夫斯还是他的资源,我们并不清楚,但上述由于插入其他事件且没有使这些事件与其他内容严格一致造成的对叙事结构的打断,却与约瑟夫斯的写作方法非常一致。关于基督的文章,可能是事后添加:不得不说这是一个令人苦恼的课题,在最初遭到回避。另一方面,基督教运动,如《新约》及当前所述文段的描述所展现的,非常明显是一场极其重要的动荡,对此的解释很可能需要在另一方向寻找,换句话说,即在基督教审查者对最初文本所做的缩减中寻找,对行文语言的仔细检查,给予了对发生如此缩减的猜测以强力支持。在此,我必须再一次重申对我的朋友艾斯勒博士的感激之情,他极为慷慨,容许我使用他的研究成果,值得高兴的是他的研究成果将在他即将完成的著作中得到全面阐述(现在已经出版,1929)。

考虑到希腊语版《犹太古事记》相关部分显著的特性,我们可以期待行文风格可将关于文段真实性的问题一劳永逸地解决,这部分如你大概记得的那样,被托付到了那位模仿修昔底德的廉价文人的手中。前述那些被十几次强调的简短文段,自然无法给这位矫揉造作的书记员太多余地发挥。但是那约瑟夫斯著作其他部分所没有的个人特色习语,依然现身其中,即短语"to receive with pleasure"(乐于接受)。我推测,在此,这位文书助理依然在提供着自己的帮助。至于其他内容,可以阐明全部语言实际上均出自约瑟夫斯。在我看来,依据行文风格的标准,如果不深究细节,那么我们可以转而进一步
142 在总体上接受相关文段的真实性。所以说如果文本残缺不全且被修改过,那

其至少也是以约瑟丰式风格为基础的。

对我如此详述一些关于语言的细枝末节,必须请求大家见谅,因为只有通过这样的细节,我们才能期待触及到相当重要之事的真相。现在,促使我在最近转而相信艾斯勒博士观点的,是我们所述文段最开始的部分,即γίνεαι δέ这两个很小的词汇——和我自己之前的翻译一样,它们通常被翻译为“Now there lived”(此时活着)。我之前一直觉得自己如此翻译有些冒失随意,现在看起来约瑟夫斯著作中没有出现相似情况(至少我和艾斯勒博士在其中没有任何相关发现),实际上就这样的意义而言,有可能所有希腊文献均为如此。英语译意“lived”(活着的)或“flourished”(兴旺的),以及古拉丁语版的翻译*fuit*(过去是)均没有可信性。动词 γίνεται 在有着人称主语时,或意为“is born”(出生),或如若是附加谓语则意为“become”(成为)(一些事情的原因,或类似情形);在有非人称主语时,则意为“occurs”(发生)或“arises”(出现)。之后我们获悉这两个可能的译意,即“is born”或“become”,“proves to be”(证实为)其他某些事情的来源。就希腊语来说“is born”这一翻译很好——尽管它的反义词 τελευτᾶ δέ出现了,但我却不能从约瑟夫斯的书中摘引出类似内容——但从发生时间顺序来看,这样翻译则似乎极不可能。约瑟夫斯弄错了时间顺序,将发生于罗马的动荡,置于彼拉多之后,但他本来可以将耶稣诞生的时间确定在大约彼拉多所处的时期吗？彼拉多将耶稣钉死在了十字架上,而且他的任期仅为十年。对此,基督徒进行过窜改的理论也不能给我们提供帮助:对于耶稣的诞生[1],《新约》使用的是动词γεννᾶσθαι,而非γίνεσθαι,而且基督教作家大概也更喜欢使用过去式,而非约瑟夫斯所钟爱的历史现在时。这一开篇子句γίνεται δέ(arises,出现),实际上具有彻底的约瑟夫斯特征,这是非常重要的一点,但是我认为,他只会始终如一地在介绍灾难、动荡、 143
麻烦,或这类麻烦的制造者时使用。由此我们有了“在美索不达米亚出现了一场针对犹太人的可怕灾难”[2],“犹太人遭到撒玛利亚人的仇恨”[3],“恺

〔1〕《马太福音》第2章。

〔2〕《犹太古事记》卷18,第310节。

〔3〕《犹太古事记》卷20,第118节。

撒里亚的犹太人暴动反对叙利亚人”[1]，“一场大众暴乱”[2]，此外，对于这类骚乱的煽动者则有“安条克再次变为动荡(θορύβων)之源”[3]，“而(吉斯卡拉)的约翰是其派别完全毁灭的原因之一”[4]。这些相似之处[5]引出一个坚定推断，即我们所述部分亦类似地使用了相关习语。“在此时耶稣成为……”之后需要一个谓语，我认为艾斯勒博士在此插入“新动荡的开始”这类词句完全合乎情理，而这样的词句之后被基督教审查员所删除，他不能接受自己的主人被如此描绘。

在对这两个词语的正确解读中，我认为艾斯勒博士发现了解读全部内容的线索。对于余下内容，没有巨大或戏剧性的变化值得或必须协调一致。鉴于约瑟丰式风格，修改应该被降至最少，如果我们作者写下了更加全面、敌对的叙述，那么我们便不能再希望得到恢复。要点是耶稣似乎被描绘得如同他之前或之后的其他许多人一样，亦是造成暴乱或动荡的原因之一，他除去在说教及神奇表现上具有一定优势外(依据对他之可疑的真诚的赞颂的致敬)，没有被在本质上与犹大或丢大(Theudas)彻底区别开来。这些习语必须被简要回顾。

对于个人名称，我们也许应该加上短小的谦称词 τις，我们在现存的一些尤西比乌斯手稿中发现此词，可以确定基督徒们没有对之进行窜改——“a certain Jesus”(某一耶稣)。

144 “A wise man.”(一个聪明博学之人。)也许可以相信约瑟夫斯曾准备将他写入犹太贤人录中，但艾斯勒博士再次提出了貌似合理的意见，即基督教审查员亦对之进行了轻微修改，即从 σοφιστής得出了 σοφός。该词是作者用来描绘新派别[6]建立者犹大，以及其他类似之人的，包括此部分叙述中提及的另一个犹大和马提亚斯。[7]

---

[1] 《犹太古事记》卷 20，第 173 节。

[2] 《犹太战争》卷 1，第 648 节。

[3] 同上，第 99 节。

[4] 《犹太古事记》卷 4，第 208 节。

[5] 我独自记下了他们，但却没能抓住他们的暗示。

[6] 《犹太战争》卷 2，第 118 节。

[7] 《犹太古事记》卷 17，第 155 节。

“At least if one may call him a man.”(无论如何,如若人们可以把他描绘为一个人的话。)这一句话语气做作,而人们一定会在心里将“whom his followers call Son of God”(他被自己的追随者们称为神之子)之类内容补充其后,除非该句实际上为约瑟夫斯自己添加。

“A doer of marvellous deeds.”(惊人行动的践行者。)此句无须任何改变。艾斯勒博士不认为约瑟夫斯著作其他部分中的 ποιητής的意思只是“poet”(诗人)。确实如此,但是他没有注意到我们作者的秘书钟爱于将一个简单动词一分为二,将一个名词用行为主体和助动词表述。恰如在其他地方一样[1],即他将简单的 κρίνειν(judge,审判)写为κριτὴς εἶναι(to be a judge,进行审判);在此,他将简单的ποιεῖν写为κριτὴς εἶναι亦是如此。

随后“一位乐于接受(to receive with pleasure)事实的人类导师”,可以确定出自这位助手之手。短语 “to receive with pleasure”,是这位独特抄写员的原产标志,前后使用了 8 次[2],除去他负责的三卷内容(卷 17 至卷 19),在约瑟夫斯著作的其他部分,尽管有一些类似的句子出现,但均没有发现此习语。约瑟夫斯向他的文书助理口述了相关语句的大意要点,后者则使用自己的词语进行书写。此部分内容毫无疑问遭到了基督教徒的窜改:如哈纳克已经指出,贯穿《新约》及早期基督教著作的 ἡδονή(pleasure,乐意)一词一直含义邪恶,所以尤西比乌斯考虑就此做出调整,将“receive with pleasure”更改为“reverence”(σεβομένων,敬畏)。在约瑟夫斯的著作中,尽管情况并不如此普遍,但人们会坚持相同的联想。特别是习语“receive with pleasure”出现的 8 次实例中,仅有一次用意积极。[3] 在其他地方,则涉及对一些人和事的欢迎,即一个冒名 145
者伪亚历山大(pseudo-Alexander)[4],加利利人犹大(他鲁莽的反叛,导致了

---

〔1〕《犹太古事记》卷 19,第 217 节。

〔2〕《犹太战争》卷 17,第 329 节;卷 18,第 6、59、70、236、333 节;卷 19,第 127、185 节。它的一个变体是 ἡδονῇ φέειν(卷 17,第 148 节等),亦限于这一部分。

〔3〕《犹太古事记》卷 18,第 59 节, ἡδονῇ δέξεσθαι τὸν θάνατον(是在彼拉多面前的犹太请愿者的)。

〔4〕《犹太古事记》卷 17,第 329 节。

民族的毁灭)[1],一个源于罗马主妇魅力的阴谋[2]、阴谋计划[3],以及由两位罗马皇帝离世消息提供的恶意快乐[4]。

这些便是对可适用于"men who receive true things with pleasure"(乐于接受真实事务之人)之习语的基本联想。如果约瑟夫斯或他的秘书精选不到可更加增光添彩的词语,那么便不能对他们有过高的赞扬。我们作者的真实看法是什么?他在这里并没有使用抽象术语(ἡ ἀλήθεια),但在不断宣称自己的精确性时则使用这类术语为例,而这些术语在《新约》中则有非常深远的意义。他没有证实基督教的学说为系统成型的教义信条,满足于比较模糊的"true things"(τἀληθῆ,真实事物)。哈纳克认为,他可能在考虑"sermon of the mount"(山上宝训)——它给犹太哲学家们留下了长期的深刻印象。但是文本问题再次出现,不过亦有极为新颖的复原措施被提出。[5] 修订的内容通常都靠不住,但此情况下要求的改变可能不会太简单。无论是有意为之,还是偶然出现,将大写字母 A 中间横杠删除,会将 TA AHΘH(the usual,不寻常的)转换为TAΛHΘH(the ture,真正的)。这样阅读,那么我们作者便将称呼耶稣的追随者们为"兴高采烈赞颂畸形的人"。他们主的行动矛盾且似是而非,其说教亦稀奇古怪。这一意见由相关事实支持,即实际上在约瑟夫斯著作其他部分,副词 ἀληθῶς和 ἀήθως是被弄混的。[6]

146 "此外,他为自己赢得了许多(many)犹太人,以及许多(many)希腊人(团体)。"这里无须改变。重复"many"、中性名词 τὸ Ἑλληνικόν[7],以及使用ἐπάγεσθαι表示"win converts"(赢得皈依者)均为彻底的约瑟夫式风格,值得注意的是,与我们所述著作此部分最后内容最为相似的情况,出现在与冒名者

---

[1] 《犹太古事记》卷 18,第 6 节。

[2] 同上,第 70 节。

[3] 《犹太古事记》卷 19,第 185 节。

[4] 《犹太古事记》卷 18,第 236 节;卷 19,第 127 节。

[5] 由海尼切恩(Heinichen)早在 1870 年提出,艾斯勒博士将之再现。

[6] 《犹太战争》卷 6,第 403 节,罗马征服者,发现无人可反对他们,是"truly"(真实地),或依据其他手稿,"unusually"(不同寻常地)困惑。

[7] 《犹太战争》卷 2,第 268 节。

伪亚历山大相关的内容中,此人通过交谈成功说服克里特岛的所有犹太人信服于他。[1] 关于希腊人的叙述不大可能适于基督徒,基督徒们知道他们主的传教活动被限定于“以色列家的迷失羔羊”[2]。将传教范围扩展到异教徒是主之门徒们的工作,而他们在做出这样的决定前也不大可能没有经历过激烈争论。然而年代误植(anachronism)却是受欢迎的证据,其证实了基督教在公元1世纪结束前就已广泛传播。

“He (or‘this’) was the Christ.”[他(或“这”)就是基督。]无论这些词语源自何处、意思为何,面对我们这位作者及行文背景,它们均不能被视为一位专业历史学家的严谨观念。它们被窜改过吗?一个基督徒可能更愿意将之这样书写,即“this is Christ”(这便是基督)。可能性较高的情况,是约瑟夫斯自己书写了它们,或一些类似的内容。我先前倾向于解释这是在故意确认特殊人物——“This was the Christ”[3]。约瑟夫斯提到过的名为耶稣之人不少于20个;此外,他还在文中持续不断地突然插入如下习语,以确认某一特殊人物:“David… this was the father of Solomn”(大卫……这便是所罗门的父亲),“Herod, and this was the tetrarch of Galilee”(希律,这是加利利小王)[4],如此等等。但是这样的确认通常紧随相关姓名之后,不会如前述那一例子一样与姓名分开。如果这样的解释不被接受的话,那么我们便必须回到哲罗姆的著 147
作,即视“was believed to be Christ”(被相信为基督)(*credebatur* = ἐνομίξετο)为约瑟夫斯所写,只是要将单词“was”(是)视为经过基督徒的校改。你们大概还记得我在之前讲座中引用过一个文段内的矛盾叙述,依据不同手稿,在那里希腊人或是“最为高贵的民族”,或是“被普遍认为最为高贵”,再或者“既被普遍认为高贵,且亦真的最为高贵”。

对于余下段落,我们不需要耽搁太久。“依据我们中主要人物(our principal men)的控告,彼拉多将他处以十字架酷刑。”其中“the principal men”通常

[1] 《犹太古事记》卷17,第327节。
[2] 《马太福音》第15章,第24行。
[3] 参见苏埃托尼乌斯:《罗马十二帝王传》“克劳狄乌斯”篇,第25节,“在克里斯托一再煽动之下,(克劳狄乌斯)将犹太人驱逐出罗马”。
[4] 《犹太战争》卷5,第137节;《犹太古事记》卷18,第240节,出现地非常频繁。

来自约瑟夫斯,然而我不能确定“our”的情况与之类似。判决的责任落在了彼拉多的肩上。“Those who were content with him at the first did not cease”(那些在最初对他满意的人并没结束)这样的简洁短语意义模糊不清,被认为有可能遭受过审查员的删减。[1] 如果此处没有被删减,那么“cease”(结束)将意为“作为团体不再存在”,如同最后的词句“还没有灭绝” 。尽管诺登说在约瑟夫斯的著作中 ἀγαπᾶν 从没有“love”(爱)的意思,但那位独特的秘书仅在“be content with”(满意于)作传统的贬意时使用该词确为事实。[2] 所以我们必须在此提出如下内容:那些受蒙骗的追随者们“忍受”着这样一位主人。“至于他在(字面意思为‘having’)[3]第三天复活,并再次出现在他们面前,神圣的先知们(之前)一直在讲述,并讲述了关于他的其他数以万计的奇妙事情(ten thousand other wonderful things)。”此处没有难题,如艾斯勒博士所言,如果我们可假设原文以委婉方式表达,那么这应被视为基督徒而非历史学家的声明。夸张语句“ten thousand other things”为彻底的约瑟夫式,而此处的夸大之词有些嘲笑的意味。但是如艾斯勒博士再一次强烈提出的意见,这些叙述
148 很令人关注,因为它们明显证实了《耶稣箴言录》(“Logia”),或《旧约》中关于基督之预言的文集存在——相信是这些文集构成了初期教会的最早文献。“甚至到此时,以他之名命名的基督徒部落还不存在。”[4]在现存文本中,他克制自己不去添加“unfortunately”(不幸地),但是读者还是几乎能听到;“tribe”(部落)一词明显蔑视基督徒,自然此句也不可能出自他们之手。基督徒们,视他们自己为一个不存在种族障碍的共同体或兄弟会。

这就是相关问题的解答。对于这些问题,在过去我一直踌躇摇摆,我非常感谢我的朋友艾斯勒博士,因为他专业的指导和敏锐的洞察力,我最终被引领

[1] 艾斯勒博士会插入“to create a tumult”(去创造一起骚乱)。

[2] 《犹太古事记》卷 18,第 60、242 节。

[3] 没有完全相似之处,但约瑟夫斯在《犹太古事记》卷 9 第 94 节、卷 15 第 89 节使用 ἔχειν(ἔιη);参见《犹太古事记》卷 7,第 1 节(δύο ἡμέρας ἔχοντις έν τῇ Σεκέλα)。

[4] οὐκ ἐπέλιπε,如《犹太古事记》卷 15,第 1 节(有分词)。

上路。这些文段主要出自约瑟夫斯或他的秘书之手,但基督教审查员或抄袭者对之进行了轻微的改变和删节——这极大扭曲了其原意,局面由此完全不同。如此解答大致满足了我所有的要求。一方面它解释了约瑟丰式风格,另一方面解释了奥利金不合格的声明和早期基督教辩护者进行的删节——在他们引用一些明知不含关于基督之证据的内容时,不过诺登对之提出异议,认为其与语境间缺乏有条理的联系,而经过复原的文本,与像约瑟夫斯这样的犹太人可能期待书写的著作内容相符。

可能会有人问,这些在后来被当作证据证明相关基督教重要教义之真实性的文段,有着什么样的证据价值。就此,无论什么人都必须承认,最后对复活及预言实现的提及——无论是明显可疑地将之视为我们历史学家自己的客观叙述[1],还是更为可能地视之为对“那些最初对他感到满意的人”的报道[2]——不管怎样均基于源自基督教材料的信息。我们不能断言它们可作为讨论的事实的“外部”证据:它们是作者对从信仰者口中听到的内容的重复。另一方面,我们这位犹太历史学家自己也确实有一些证据,它们可能非常 149
受基督徒欢迎,即关于耶稣布道和行动之“非凡”本质,以及他的追随者们在他所处的时代便已经遍及各地的记述。他显然提及了早期基督教的《耶稣箴言录》,或《旧约》中在耶稣身上找到具有满足感的文章——我们依据其他理由推断这部著作存在——这亦极具价值。

我承认对这样的解答,较之感情,自己更多是在理智上赞同。在表述时,我感觉自己更像一个背叛自己阵营的叛徒,即背叛了过去之基督教作者们的长期路线——他们或视约瑟夫斯为另一位巴兰,一位不情愿的且能力卓越的证人,他在证实事实时没有表述出自己的坚强信念,或在实际上欢欣鼓舞地称他为一位皈依者,并承认其著作属于《圣经》正典之一。然而恐怕我们不能接受威廉·惠斯顿的观点,即认为约瑟夫斯是一位以便尼派基督徒(Ebionite,以便尼的希伯来语原意是指“贫穷”,他们严守《摩西律法》克己苦行。原本这派

---

〔1〕 手稿叙述为 ἐφάνη。

〔2〕 有对 φανῆναι 的修订及相应的改变。

人的思想在基督徒之间流行,后来这派人的思想渐渐演变成为异端),甚至是拉克尔那富有想象力的观点,即当约瑟夫斯作为一位作家的名誉受到其竞争对手优斯图斯的严重威胁时,他通过插入这些文段,将他的《犹太古事记》而非他自己扔到基督徒手中,主动向基督徒示好,以便确定他们对自己的保护。[1]

最近发现的最新斯拉夫版材料令人困惑,对此我留给自己的叙述时间极少。对这一课题,我有意简略评论且不表态。我不认为自己有能力表达出一个经过深思熟虑的观点,我提及此问题的主要原因,是为引导你们关注我朋友艾斯勒博士即将出版的精妙著作。

在 1906 年,已故的布伦特斯博士为我们提供了 7 篇文章的德语译本,即斯拉夫版《犹太战争》中关于基督教运动开端的内容,他还提出了问题,即这些内容能够被视为约瑟夫斯的著作吗(最初为东方读者所写之闪米特版文本的遗物)?评论家们冷嘲热讽,但在等待将所有文本当作整体而有更全面的了解时,评论便过早出现了。现在,我们拥有了布伦特斯博士版的《犹太战争》前四卷——由格拉斯教授编辑。那么我们发现了什么?

150 嗯,与众人熟知的希腊语版相比,我们所有的斯拉夫版著作既有缺失又有超出,两者差别很大。斯拉夫版著作相当简短,但又包含有大概 20 处或更多重要的增添内容。斯拉夫版没有希腊语版所有的序言,遍观整部著作,有相当多的内容或完全缺失,或仅以缩略形式出现。较短的文本很重要,也许能证明一些我们关心问题的决定性因素,然而至今,最令人产生兴趣的是多出的内容。这一版本特征混杂,可以确定其中一些并非出自约瑟夫斯之手。其中有两篇文章涉及我们历史学家自己:其一似乎是对他在犹塔帕塔为保护自己生命而使用策略的坦诚叙述[2],而另一文章则为他对自己率领之加利利驻军所做的较完整的演说[3]。对于最后的文段,我们可以联系到奋锐党的简短演

〔1〕《犹太历史学家弗拉维·约瑟夫斯》,第 174 页及之后。
〔2〕文段第 15 节在《洛布古典丛书》附录中,卷 3。
〔3〕《洛布古典丛书》之《犹太战争》附录卷 3,第 14 节。

说——做于被谋杀的高级祭司身体前。[1] 对于希律的梦,相当相似——希腊语版略微提及,斯拉夫版亦对之进行了描述[2],在另一地方,我们获悉了希律的另一个梦及对此的解释[3],而且我们记起约瑟夫斯相信梦境。此外,在一些地方,希腊语版著作提及就承认、加入艾赛尼派的秩序,新信徒做出了惊人誓言,对此,斯拉夫版著作有详述。[4] 之后我们阅读到关于神圣上帝(Divine Providence)的说教,其间伴随着《哈加达》中的一些奇异故事——关于亚伯拉罕和罗得(Lot)[5],阅读到就希律的罪行和所受惩罚进行的深层次说教[6],阅读到关于奋锐党人无视《圣经》警告,以及历史教训的论述[7]。十足的犹太教表象,解释了发生在希律王时代祭司间的秘密争论——关于对但以理及被期待的弥赛亚救世主的解释。[8] 在另一地方[9],提及"在圣殿中的(遗弃的)丑行"令人怀疑其效仿了《新约》的语言,尽管其部分依赖于最初的预言。就罗马历史,我读到了关于维特里乌斯(Vitellius)在特里亚库姆(Bedriacum)之战中所使用之诡计的叙述[10],以及两次爆发的令人好奇的对唯利是图的拉 151
丁人的反对[11]。

如此,我们涉及了基督教。施洗者约翰和耶稣均未被指名:他们被分别称呼为"荒野之人"(Wild Man)和"奇迹创造者"。这位荒野之人被描绘为一场政治运动的领导者,他号召自己的民族通过"律法的途径"恢复自身自由,他开始活动的时间,被推至亚基老的时代,这比《新约》中所述的相关时间早了大概20年,他宣布腓力(Philip)将遭受厄运,并因希律·安提帕斯迎娶自己已逝兄弟之妻希罗底而对之进行了谴责,而且如《新约》所述,他直言不讳的

---

〔1〕《洛布古典丛书》之《犹太战争》附录卷3,第17节。
〔2〕同上,第1节。
〔3〕同上,第11节。
〔4〕同上,第10节。
〔5〕同上,第6节。
〔6〕同上,第8节。
〔7〕同上,第18节。
〔8〕同上,第2节。
〔9〕同上,第16节。
〔10〕同上,第19节。
〔11〕同上,第4、5节。

谴责，导致了他的死亡，著作还描绘了他的极端禁欲主义，包括在逾越节不食未发酵的面包。[1] 而对那位奇迹创造者，著作则以与《犹太古事记》中“如果容许称他为一个人”之类习语相同的语句介绍他，描绘了其在橄榄山（the Mount of Olives）的逗留和上演的奇迹般的治疗——对加利利的政府部门没有任何提及。他的追随者徒劳地催促他领导反对罗马之起义，其中包括150位关系比较密切的门徒。犹太人的领袖将这些事情报告给了罗马地方长官彼拉多，而彼拉多将死的妻子曾被奇迹创造者治愈，彼拉多将这位奇迹创造者逮捕，但一审后便将其释放，不过随后，由于受到犹太人中30位有才能之人的贿赂诱惑（一个奇特的对福音故事的扭曲），彼拉多又将他递交给了这些人，他们将其处以十字架酷刑。[2] 之后，我们获悉在克劳狄乌斯治下，基督教运动在下层民众中不断扩大，而克劳狄乌斯则试图对之进行压制。[3] 我们还读到一段令人惊异的叙述，其内容多与一篇环绕在圣殿外墙之上的附加铭文有关，大意为“耶稣并非如国王一样进行统治：他因为宣称相关城市将被毁灭，圣殿也将一片荒凉，而被犹太人处以十字架酷刑”[4]。我们还获知了对相关神谕——关于众人期待来自犹地亚的世界统治者——的敌对解读：“一些解读了关于希律的，另一些则属于被处以十字架酷刑的那位奇迹创造者，还有一些
152 属于韦斯巴芗。”[5]最后，我们读到了一段明显源自《马太福音》的叙述，即对圣殿幔帐的渲染，以及针对十字架酷刑的预兆。[6]

就这一奇怪成果，我们能够创造出什么？它完全是一场骗局，是另一场“格罗佐发现”（Glozel find）[7]吗？不可否认表面证据并不支持它：我们所述之最晚的斯拉夫版手稿含有此类证据，其源文本为被尼斯称为“低劣”的一部

[1] 《洛布古典丛书》之《犹太战争》附录卷3，第9、11节。
[2] 同上，第12节。
[3] 同上，第13节。
[4] 同上，第20节。
[5] 同上，第22节。
[6] 同上，第21节。
[7] 格罗佐：法国中部的一个小村庄，从1924年到1930年，这里先后发现了超过3000件古物，时间分属新石器时代到中世纪的各个时期，对于这些发现争论异常激烈，有人认为它们真实可信，有人则认为它们只是恶作剧。

或多部希腊语手稿(这一说法在早期作家中缺乏明显支持),在一些地方其似完全复制自或显然依赖于《新约》。我们应当在已经提及之关于此类依赖的事例中,添加上希律·腓力(Herod Philip)和希罗底的故事[1],同时罗马地方长官给出的不采取行动反对基督徒的理由,让我们想起了《使徒行传》中描述的迦玛列(Gamaliel)的劝告[2],而约瑟夫斯对自己军队所进行的演说,则非常像圣保罗给以弗所之教堂的忠告[3]。这些实际上极难遇到。对立面又有什么内容?对这个问题,我将挑选出三点内容展开叙述(这要求一些人进行解释,这些人拒不认为此文本完全不值得信赖):偶然出现的约瑟丰式措辞、占据主导地位的犹太色彩,以及一定范围的"遗漏"——或者大概我们应该说较短文本。最早的阿拉米语版文本,缺少斯拉夫版文本的希腊语序言极为正常,实际上我过去期待的文本,应该是更为简短的。正文中出现的大量"遗漏",无疑部分要归因于斯拉夫译者所做的缩减,这位译者没能理解原文本意,但是其他事例,由于它们的长度或主题连贯性缺失,显示出这位译者的样本是缺少约瑟夫斯在后期插入之内容的简短版著作。

不管怎样,我确实是不能再继续这一课题了,不过我更想提请大家注意我们时代主要的权威人士艾斯勒博士,他用自己渊博的学识、敏锐且富有想象力的洞察力,以及经年的研究"瞄准"了这一课题。艾斯勒博士特别重构了约瑟 153
夫斯著作进入俄罗斯所依据的方式及其著作中被作为宣传用著作——在公元15世纪的"信仰犹太教异端"(Judaizing heresy)时代——的空想故事。艾斯勒博士从那一天起,重回工作,发现了在较早时代、在模糊的"约瑟丰主义者"(Josephinists)宗派,以及在对"真"与"伪"约瑟夫斯的暗示的这一特殊文本的关联,他将此与君士坦丁大帝时代的正统修订版文本联系起来,并发现这一特殊文本与公元4世纪时被称为"赫格西普斯"的拉丁语译者间存在共鸣。通过认真对文本进行筛选并将后插入的内容清除,他相信余下内容可以追溯至约瑟夫斯最初之阿拉米语版著作的粗糙希腊语草稿。这样一个中间阶段的假

[1] 《洛布古典丛书》之《犹太战争》附录卷3,第11节。
[2] 同上,第13节,及《使徒行传》第5章,第38—39行。
[3] 同上,第14节;参见《以弗所书》第4章,第26—32行。

设——处于已佚失之阿拉米语版著作和现存之优美希腊语版著作之间的草稿阶段——对他的理论而言——不可缺少,也并非不自然。此外,他在希腊语版文本中发现了最初之阿拉米语版文本的痕迹。他以这一文本为主要基础,冒险挑战福音书中所描述的年代顺序,并重新写作基督教运动的最初故事。这一冒险极为大胆,就我个人而言,很难赞同他重构的故事,但是他是一位非常强悍的对手,批评他的人要全副武装来反驳他。

译后记

初识约瑟夫斯大概是在2008年至2009年间。2008年,我很幸运地进入了上海师范大学,师从陈恒教授研习世界古代史。在陈老师的指导下,我对世界古代史的学习逐步深入,特别是古希腊-罗马史,收获颇丰。也就在此过程中,我认识了约瑟夫斯这位富有争议的1世纪犹太历史学家,这位知识渊博的犹太贵族祭司,这位游走在三个罗马帝国皇帝身边的罗马公民——这正是犹太民族与罗马人激烈碰撞交融的体现。因为对伟大之罗马和独特之犹太人的特别兴趣,我选择了将同时具有特殊性和典型性的约瑟夫斯作为自己的研究方向,并在陈老师的悉心指导下完成了自己的硕士毕业论文《约瑟夫斯的双面人生——帝国早期罗马-犹太文化交流研究》。拙作水平有限,但因国内相关研究当时还比较有限,所以相信它还是具有一定价值的。

经过阅读大量国外研究成果(其中粗略翻译20余万字),我初步清楚了约瑟夫斯在西方历史中的位置及西方学界对他的研究状况。约瑟夫斯提供了关于第一次犹太-罗马战争的关键信息,以及理解《死海古卷》背景和后圣殿时代犹太教的重要文献资源。他的著作是《圣经》之外说明流散后时代的马卡比、哈斯蒙尼王朝及希律王之崛起的重要信息来源。其中很多信息都是现存的其他古代权威文献基本没有涉及的。希伯来大学的考古学家埃胡德·内策尔(Ehud Netzer,1934—2010)就是依据他的著作,经过35年的研究,发现了希律王之墓。[1] 而本书作者H. St. 约翰·萨克雷(H. St. John Thackeray)

---

[1] Dina Kraft (May 9,2007). "Archaeologist Says Remnants of King Herod's Tomb Are Found". *NY Times. Retrieved 24 September* 2015.

教授也在本书中宣称:“在我自己的国家,曾经在一段时间里,几乎每个家庭中都会有两部书,即《圣经》和约瑟夫斯的著作——威廉·惠斯顿那古老的18世纪版本。”

西方对约瑟夫斯的研究可谓历史悠久,成果丰富。自2世纪晚期开始,基督教作家就开始对约瑟夫斯产生浓厚的兴趣——因为其著作中有关于基督教的内容。在“十字军东征”时期,约瑟夫斯及其著作再次在欧洲大陆广为流传。主要原因之一为他的著作中有着详细的巴勒斯坦地理信息。早期对约瑟夫斯及其著作的研究整理,都由基督教学者进行。他们,如奥利金[1]和尤西比乌斯[2]等,一方面应用约瑟夫斯著作中的相关信息去了解那个时代,为基督教进行辩护;另一方面又对其进行大肆歪曲,宣扬论证基督教提出的犹太人因为拒绝耶稣而遭受上帝惩罚的理论。教会还因此认为约瑟夫斯是基督教秘密的尼科迪默斯(Christian Nicodemus)[3],是一个和斐洛一样的犹太教父,或是某个第五福音传播者。这也是约瑟夫斯著作得以保存下来的重要原因。到中世纪晚期,人们逐步发现约瑟夫斯著作中对《圣经》历史的解释,背离了《旧约》文献。这一趋势在16—17世纪继续发展,人们对约瑟夫斯著作中关于耶稣的内容也产生了怀疑。18世纪开始,特别是在19世纪,随着人文和《圣经》研究领域批判研究的普遍发展,对约瑟夫斯的研究也快速扩展。此时,海因里希·格拉茨(Heinrich Graetz)[4]、伊萨克·约斯特(Isaak Markus Jost)[5]和冯·德斯蒂诺(Von Destinon)等历史学家,不再将约瑟夫斯看作是一个独立的

---

〔1〕 奥利金(约185—约254),原名奥雷耶内斯·阿扎曼提厄斯(Oregenes Adamantius),希腊神学家和教会神父。曾在亚历山大学习哲学,后任教理学校校长20余年,并最终定居于巴勒斯坦,创立哲学和神学学校。主要著作《六文本参合》——《旧约全书》六种文本的对照。

〔2〕 尤西比乌斯(生活于4世纪间)主教,早期基督教历史学家。著有《基督教会史》《君士坦丁传》等,313年成为恺撒里亚大主教,后因持阿里乌斯派观点于325年被开除教籍,不久后又在尼西亚会议获得赦免。

〔3〕 尼科迪默斯,一个法利赛派犹太人,犹太公会成员,比较喜欢耶稣。在《约翰福音》中出现过三次。

〔4〕 海因里希·格拉茨(1817—1891),第一位从犹太人视角,写下一部全面综合的犹太人史的历史学家。主要著作是影响力巨大的《犹太人史》(*History of the Jews*)。

〔5〕 伊萨克·约斯特(1793—1860),犹太历史作家,主要著作《自马加比时代以来以色列人的故事》(*Geschichte der Israeliten seit den Zeit der Maccabaer*, in 9 vols, 1820—1829),及编于1839—1841年的《以色列编年史》(*Israelitische Annalen*)。

历史学家,约瑟夫斯似乎突然间就被降为了缺乏想象力的抄写员。道德批判约瑟夫斯和匿名假说(认定约瑟夫斯并未亲自组织原始资料,采用资料均为来自匿名作者的二手资源)成为当时对约瑟夫斯的主流认知观念。

20 世纪初,约瑟夫斯研究出现新趋势,一些学者开始对传统观点进行批判。首先是约瑟夫斯是一个积极的造假者的观念(一个有创造力的坏人)开始更加流行。经 H. 德吕纳(H. Drüner)、理查德·拉克尔[1]、S. 拉帕波特(S. Rappaport),还有本书作者约翰·萨克雷(特别提出"助手说",详见本书)等众多历史学家的不懈研究,约瑟夫斯被基本认定为一个犹太历史学家和纯粹的犹太民族辩护者,当然也在为罗马弗拉维王朝宣传——对约瑟夫斯个人仍然持否定态度,但也开始多元化。随着人文学科的深入快速发展,学界对约瑟夫斯的研究也在不断深入。

从 20 世纪 30 年代开始,人们开始认为约瑟夫斯创作了自己的著作,强调要检视他在文学、神学和政治方面上的动机。到 20 世纪七八十年代间,关于约瑟夫斯是个天才的故事作家的研究繁荣发展,认为他在维护罗马和弗拉维的同时,也是一个犹太教辩护者。就像那些被俘的希腊历史学家一样,通过维护和称颂罗马来对自己民族进行维护。代表人物有 A. 佩尔蒂埃(A. Pelletier)、T. W. 弗拉克斯曼(T. W. Franxman)、M. 布劳恩(M. Braun)、H. R. 默林(H. R. Moehring)、菲尔德曼、W. R. 法默(W. R. Farmer)等。20 世纪 80 年代开始,影响力较大的总结性著作不断出现。如拉亚克·特萨(Rajak Tessa)在 1983 年出版了《历史学家约瑟夫斯和他的时代》(*Josephus: The Historian and His Society*),佩尔·比尔德(Per Bilde)在 1988 年出版《耶路撒冷和罗马间的约瑟夫斯:其生平、著作及其重要性》(*Flavius Josephus Between Jerusalem and Rome: His Life, His Works, and Their Importance*)等。20 世纪末到 21 世纪初,关于约瑟夫斯的论文著作数量更是激增。如弗斯托·帕伦特(Fausto Parente)和约瑟夫·西弗斯(Joseph Sievers)编写了《约瑟夫斯和希腊罗马时代史:莫顿·史密斯纪念文集》(*Josephus and the History of the Greco-Roman Peri-*

[1] 理查德·拉克尔(1881—1959),德国历史学家、哲学家,主研古典文学及历史。

od: *Essays in Memory of Morton Smith*, Leiden,1994);史蒂夫·梅森(Steve Mason)编写了《理解约瑟夫斯的七种视角》(*Understanding Josephus*: *Seven Perspectives*, Sheffield,1998);明斯特(Munster)团队也出版了关于约瑟夫斯的论文的年鉴等数目巨大的研究著作等。虽然他们著作的侧重点和解释在细节上有很多不同,但基本上都遵循着现代观点的两个特点:约瑟夫斯是一个独立的作家,需要从其神学、政治、文学等思想体系来研究分析他,对约瑟夫斯的解释也是多元化的。

通过上面的介绍,我们可以发现约翰·萨克雷先生在西方的约瑟夫斯研究中处在一个非常重要的位置。他的西方古典学造诣颇深,为《洛布古典丛书》提供过译著(约瑟夫斯的著作等),参与编著了《剑桥七十士译本》,亦有大量有关《圣经》、犹太教等方面的著作。有这样深厚的学术功底,萨克雷先生对约瑟夫斯的研究相对比较全面、系统且深入,便可以说是水到渠成。他在前人研究的基础上,充分考虑约瑟夫斯所处的时代背景,同时立足文本,对之进行系统而深刻的文本分析,得出约瑟夫斯是在自己整理原始材料,并在著作中编辑插入了官方文件。他认为约瑟夫斯是爱国者,坚决反对起义,但是环境使他不得不卷入其中;在被俘之后,耶路撒冷遭受围攻期间,他不知疲倦地努力避免最终的大灾难;在城市陷落之后,他全身心地展开了为自己人民的辩护——其著作《犹太战争》在为弗拉维家族宣传的同时,也在为他的民族和人民服务。受传统观点的影响,萨克雷先生提出了"助手假说",以及认为约瑟夫斯是在"索福克勒斯式"和"修昔底德式"两类助手协助下完成了《犹太古事记》。"助手假说"获得了大量学者的支持,不过很快也受到大量学者的质疑批评,推动了之后的研究。《约瑟夫斯评传》便是萨克雷先生对约瑟夫斯之研究成果的汇总报告。如本书导言中所述,"萨克雷先生达成了取自己主题之精华,并将之置于清晰轮廓中的要求……将自己对一个庞大且复杂领域的观点,令人印象深刻地综合展现出来"。著作第一讲"约瑟夫斯的人生和性格——对其著作价值的评估",向读者讲述了约瑟夫斯的一生,介绍了他的著作,重点介绍了他在"犹太战争"前后的经历,并对他的各个方面进行了简要分析,即为我们解读了作为一个人的历史学家约瑟夫斯。第二讲"《犹太战争》”和第三讲“《犹太古事记》”，则通过细致的文本分析，特别是对斯拉夫版著作，向读者介绍了作者对约瑟夫斯这些作品之真实性，其写作环境、过程、动机和目的等内容的观点。第四讲“约瑟夫斯与犹太教——他的《圣经》文献”，则通过分析约瑟夫斯著作中对犹太教《圣经》文献相关内容的描述分析，叙述了作者对约瑟夫斯和犹太人及犹太教间的关系。第五讲“约瑟夫斯与希腊文化——他的希腊语助手”，同样通过文本分析，论述了自己的“助手假说”和约瑟夫斯与古希腊文明间之关系的推测。最后一讲，则回归至西方学界关注之重点，即“约瑟夫斯与基督教”。作者对约瑟夫斯著作中关于耶稣基督的内容，即所谓的 Testimonium Flavianum，进行了细致的文本分析和论证，同样重点分析了斯拉夫版著作的有关内容。总之通过这部著作，读者可以对约瑟夫斯的人生、著作有一个比较全面且有一定深度的了解。这对我们研究约瑟夫斯个人、犹太文明、古希腊文明与犹太文明间之关系、罗马文明与犹太文明间之关系等具有一定价值。

至此，对这部著作历时一年有余的翻译工作步入尾声。翻译 13 余万字，也是收获不少，算是有始有终。对着译稿怅然回顾，有点儿五味杂陈——有完成工作的欣慰与喜悦，也有因自己水平有限而产生的担忧和羞愧，还有那种失去重要事务后的怅然。因为水平有限，翻译中存在不精确之处，特别是对文中不少古希腊语、古阿拉米语词语的翻译和撰写，可能有不当之处。这里向各位读者致歉，望批评指正，也望多多包涵。希望这本书能为各位的学习和研究提供些许帮助，若能达到抛砖引玉的效果，甚幸。最后，我要向陈恒教授表示真挚的感谢，谢谢您的培养和支持。同时也谢谢在翻译过程中给予我大量帮助的各位同事、同门和出版社编辑，当然更要感谢一直给予我支持的家人。

2018 年 5 月 12 日